子文——著

另類

# 用佛法智慧開啟

# 財富密碼

白象文化

# 本書緣起

自認為還是佛法初學者的我來說，下這標題簡直是大不敬，說到佛法和理財，這簡直是八竿子打不著的兩件事，怎會兜在一起呢？但我的確透過佛法在生活及工作事業受用良多，因此想將此妙法公諸於世，所謂佛法不離世間法，其實在佛教教理中揭露許多的理財智慧待人們使用，法華經云「一切世間治生產業，皆與實相不相違背！」因此，佛法是以更圓通、更全面的觀點讓人們知道財富的微言大義，通曉義理。麥可羅區（MichaelRoach）是一位佛教僧人，並獲得佛學博士格西（Geshe）學位，在其《當和尚遇到鑽石》一書中，跨越的世俗概念的鴻溝，將積極、正面的起心動念付諸實踐，並指出寬廣、可行，充滿建設性的商業經營方法，是一位成功將佛法使用在鑽石事業上的絕佳典範。

佛教有許多神祇，每位神明之所以成佛成菩薩就是因為他們都發了大願力，例如我們最熟知的地藏王菩薩的願力便是：「地獄不空釋不成佛！」阿彌陀佛發了四十八大願，釋迦牟尼佛在未成佛時也發了五百大願，誓願要來娑婆世界度眾生。藥師佛也發十二大願、普賢菩薩發了十大

願，這些佛或菩薩行滿了便成就了這些願望。行滿了，也成佛了。

在這些願中，有些菩薩神佛深感這個世界充滿許多顛沛流離、飢寒交迫，於是大發慈悲，發了豐衣足食、財富充盈的願力，只要眾生誠心至禱，和神相印，必可蒙神庇佑，因為這是神佛的願力啊！

筆者工作之餘不忘研究經典，探究宇宙真理，身體力行，過去也曾經走訪諸大名山，拜訪許多道場，有時踏進某道場即感覺身心自在、清涼滿懷，由頭至尾氣灌全身，舒暢無比，有些道場雖無太大感應，但對於道場內某尊神像又特別有感應，相信每個人的感應不盡相同，以我來說，三尊的神佛特別有感應，對於生活上財富的累積也有不可思議的助益，這三尊是藥師佛、大黑天神、大梵天王，希望藉由自己的經驗讓讀者認識這三尊神佛，也願這三尊神佛的願力普及一切眾生。另外，除了這三尊神佛之外，也有許多菩薩、佛的化身亦產生許多不可思議的相印，本書也將一一介紹，祈望每位讀者最終都能找到和自己最有緣的神衹和最適合的修行方式。

宇宙藏有無比的智慧，也有許多大道理，想要獲得大量的財富其實都有祕訣，但這些祕訣其實也離不開真理，這些真理放諸四海皆準，便是布施行善、減少過失、遵守

法規，佛教的術語便是布施、持戒、忍辱、精進、般若、禪定，所謂六波羅蜜，只要循序漸進，由淺至深，必可達到最後目標，財盈充滿。

最後，我也想打破一般人對佛法及佛教徒消極悲觀的印象，佛法是積極入世、活潑向上的，在這一世裡都能活的精彩萬分，進而對未來世通徹達理，無所障礙。

編著　子文
謹識

目 錄

# 從一段真實故事說起

　　有一對夫妻朋友是我大學時代的同學，畢業後這人人稱羨的班對共結連理，同時經過數年的奮鬥夫妻兩人的仕途也一路順遂，先生是八職等公務員，擔任公家單位小主管，妻子為小學老師，夫妻兩人在外界的眼裡肯定是生活優渥，穩定舒服過日子，經濟上應可綽綽有餘，可謂人生勝利組。算一算我和妻子的總收入幾乎不及他夫妻倆加起來的七成，但經過了許多年後，在某次同學的聚會中，這位女同學看著大家有說有笑，自己卻神情落寞，我太太見狀立刻趨前，才娓娓道出這幾年來的經歷……

　　原來先生在公家單位工作，職等高，工作輕鬆，但仍不滿現狀，希望一夜致富，因此投資風險最高的期貨，認為自己應該可以受到上帝的眷顧，結果事與願違，短短時間慘賠數百萬，本來妻子以為經過這事先生已得到教訓，慘賠的金額讓積蓄一掃而空，頂多從頭開始，至少還有一棟房產，算是不幸中的大幸，以為已經止血了，但某天妻子發現房契不翼而飛，追問之下才知被先生拿去銀行抵押貸款，質借數百萬元又再度投資期貨。

　　「又統統賠光了！」在太太追問下，丈夫只有兩手一

攤，說出這句話。

太太在絕望之餘，又在房間床櫃下發現先生偷偷買了數百張樂透，先生表示絕不相信自己手氣如此之背，果然，手氣就是如此背，一張都沒有中。

先生死性不改，除了向銀行貸款外，也鋌而走險向地下錢莊借款，最後落得差點被追殺的下場，長輩得知此事只能拿祖產出來抵押，才得以暫時止血……先生從此一蹶不振，幸好工作還保得住，只是兩人的薪水被法院每月強制扣薪三分之二，每月只剩三分之一的薪水，信用卡全部被凍結，無法重新辦卡，全部的費用都得付現，房子被法拍後，現在一家四口擠在租來的小小公寓中，大部分收入拿去還債，剩下的只能勉強度日，過去大魚大肉的日子只能回憶，這是這位大學夫妻同學目前的生活。

人想要賺錢致富無可厚非，但往往不懂得致富的原理，最後落的窮困潦倒，如果這位朋友早一點知曉這些原理，或許就不會鑄下如此錯誤，近似豪賭一場的人生是永遠不可能獲得財富的。

到底財富是怎麼來的，原來理財是有方法的，如果用了正確的方法是幾乎穩賺不賠的，這些在佛典中都有闡述，筆者希望藉由佛教的加持力量及正確的心態讓一般人受用，更進一步獲得美滿豁達的人生。

## 分享給窮苦邊緣的有緣人

　　每個人都有自己的故事，有人一帆風順，有人則經歷了苦難、貧窮、災難……，在我的經驗理，同樣的修持，相對於錦上添花，雪中送炭則有較大的成效，當然並非神佛有什麼分別心，而是順境與逆境的心境不同，發出至誠的心便不同。如果你正面臨許多逆境與挫折，本書能幫助你度過難關，只要你懷有一顆至誠的心，按照本書的修持步驟一步步進行，必定有所斬獲，脫離貧困的桎梏。而對於早已家財萬貫的人，大多數生活優渥，習氣深重，較難以發心，此為修行最大的阻礙。除非定力深厚，意志堅定，自不在話下。

## Chapter 1

# 為什麼要用
# 佛法來理財

我的母親告訴我，生命應該分為三大階段：
第一階段是學習，第二階段是賺錢，第三階
段則是服務。——紐西蘭前總理　英格利許

# 1-1

# 通達一切理財智慧的佛法

佛教理財三部曲

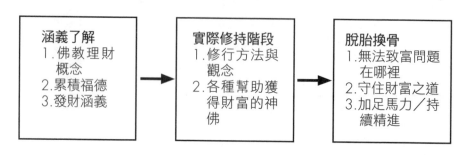

| 涵義了解 | 實際修持階段 | 脫胎換骨 |
|---|---|---|
| 1.佛教理財概念<br>2.累積福德<br>3.發財涵義 | 1.修行方法與觀念<br>2.各種幫助獲得財富的神佛 | 1.無法致富問題在哪裡<br>2.守住財富之道<br>3.加足馬力／持續精進 |

　　人人都想理財致富，但每個人也知道並非努力理財皆能致富，有人不斷研究投資心法、不斷參考各項數據，卻總是庸庸碌碌一生，但有人卻沒有做太多研究便能賺進大把銀子，如果依照邏輯來說，這顯然不合道理，也不公平，到底問題出在哪裡。

　　如果深入探究，世人有了理財的知識、理財的工具及所有天時地利人和的因素後卻還無法如願，肯定是有項東西遺漏了，這項東西只能靠佛法來解釋，只要補足了這東西，便能貫通理財的道理，順境時懂得自持，逆境時也能安然自處，進可攻退可守。

有人認為佛教不強調理財，而且要人安貧樂道，追求精神的富足為要務，其實非也，佛教也強調理財觀，雜阿含經裡有句偈語充分道出佛教對於理財的道理：「一份自食用，二份營生業，餘一份藏密，以撫於貧乏！」星雲大師延伸此義指出，若將賺得的財富分為十份，其中四份用於經營事業，三份用於家庭生活，二份用於儲蓄所需，一份則做布施功德，這是最理想的比例。因此，佛教仍然強調用心經營事業，四份的錢財或者用於投資、理財，錢滾錢、利滾利皆屬此項，不可謂不多。另外三份則用於家庭生活，現代人居大不易，或許認為三份根本不夠，這時可以和儲蓄那二份互相挪用，但無論如何，最後一份做布施功德絕不能省，這是有絕對道理的，後面章節將特別說明之。

　　在印度的許多地方，窮人會膜拜「功德天」這位女神以祈求財富，因此家家戶戶都以至誠的心供養她，有一天有一戶人家極為至誠，受到功德天女神的感動，因此特別進了這戶人家家門，這戶人家非常歡喜迎接，但同時女神後面跟著一位又黑又醜的女人，這戶人家主人覺得很奇怪，便想要把她趕走，但這黑女人開口說：「我是功德天的妹妹，妳是趕不走我的，她代表的是財富，但我代表的是散財，這二者永遠不可能分開！」因此，只要有聚積財

　　　　　　　　　　　為什麼要用佛法來理財　Chapter 1

富就會消散，這是不變的定理。當瞭解這道理時，對於理財便有更開放的態度，也會更有意義地運用，佛教的財富觀相當強調「布施」的觀念，因為「布施」的力量無比巨大，這是會影響生生世世的舉動，影響既深且廣，有了這個舉動才是追求真正的財富。

再次說明，佛教不反對擁有財富，擁有錢財有時也更有能力造大事業，許多宗教公益團體匯集了許多人的財富，從事更大的功德事業，為廣大群眾謀福。只要合法獲得財富，佛教鼓勵我們好好賺錢，獲得財富後可以做善事，這也是一種修持，因此財富不是罪惡，只要能瞭解它的本質，該花則花、該省則省，而不是做它的奴隸，則這個財富即有正向的意義了。

知曉這些道理後，佛教有一些求財致富的法門供我們去修持，讓眾生都能獲得利益就是這個道理，而最終還是希望所有人追求的是生生世世的財富，而非短暫瞬間即滅的錢財。

## 介紹佛陀的思想

有成千上萬的書籍已經幫忙介紹了佛陀的事跡，佛陀比人們早一步洞悉了世界的變化，就好像和佛陀下一盤棋，他早已將棋步看到盡頭，贏都贏不了他（除非他故意

放水），當人們在爭權奪利時，他早已跳脫出來，看到這些事情的前因後果與產生的影響，假設有一人跟佛陀求財富，佛陀知道了，此人過去由於沒有福德，加上沒有正確的財富觀，也未心存善念，得到財富後將盡情揮霍，將導致更難堪的下場，於是佛陀並沒有幫他獲得這一筆財富。並非佛陀不願意，並非佛陀沒能力，而是佛陀早已洞悉一切，有時候套句老話：愛之適足以害之，即是此理。

　　要真正了解如何才能夠求得財富，而且又是能夠自在受用的呢？在《優婆塞戒經》卷第四之中，佛陀是這麼開示的：「善男子！有智之人施有五種：一者至心施、二者自手施、三者信心施、四者時節施、五者如法求物施。……如法財施得何等果？如法財施所得果報如先所說；得是財已，王賊水火所不能侵。」換句話說，其實財富是要從布施中得。而由布施得到的財富才是真正盜賊無法奪去的。

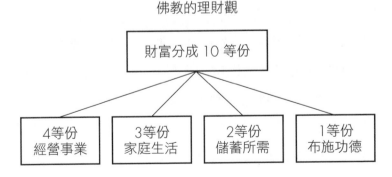

佛教的理財觀

財富分成 10 等份

| 4等份<br>經營事業 | 3等份<br>家庭生活 | 2等份<br>儲蓄所需 | 1等份<br>布施功德 |

　　　　　　　為什麼要用佛法來理財　Chapter 1

## 佛法讓事業更成功的原理

　　有許多人認為學佛者不應該強調賺錢，如果有信佛的人賺了很多錢，其他信佛者則抱以不屑的眼神，認為這人肯定信仰不虔誠，才有餘力去賺錢，非得要二分法的概念看待此事，但我相信，一位真正的佛教徒，做什麼事都是無往不利的，不會與社會脫節，更不會與俗世之事格格不入，我認為自己就是積極派的佛教徒，也可以說是利用了佛陀的法門，積極從事生產與投資理財工作，只要是善的，相信佛陀應該不反對吧！《和尚與鑽石》書中還有47種在商業上面對的疑問特別解答，這是用佛法的思想應用在生意上，以最圓融、最有智慧的態度面對，

　　為什麼佛法可以讓事業更成功，除了它有許多法門讓人精進修持，修了之後可以明顯看見對事業向上的變化，更重要的是，它還讓人以更正確的態度來面對許多在經營事業中所遇到的瓶頸，轉而跳脫這困境，當這些因素都達到了之後，財富自然滾滾而來。

　　有一部美國電影《華爾街之狼》，在這裡要強調，獲得財富的方法絕不是以電影所敘述的方式得到，透過爆發的手段只會讓錢變成腐蝕人心最狠毒的工具，等到人們沉迷、難以自拔時，又以最快的速度摧毀人們的一切，因此，在這裡要強調透過佛法取得的金錢和一般世俗獲得

金錢的心態絕對不一樣，通常我們認為錢賺到了就是自己的，但了解佛法的精髓後，錢賺到了除了讓自己溫飽外，也要盡量幫助他人，也讓別人溫飽，讓每一分錢都是「活」的，就好像水車不斷轉動，可以將水（錢）一直帶上來，形成一種善的循環，最終達到世界大同的境界，如果參透不了這道理，永遠都無法獲得真正的財富。

佛法理財的概念和經營企業的相似與相異處

| 特性 | 學習佛法的特質 | 經營企業的特質 |
|------|------|------|
| 哲學思維 | 勇猛精進，積極面對。 | 勇猛精進，積極面對。 |
| 遭遇挫折時 | 理解諸法無常，看開就過了。 | 再接再厲，越挫越勇。 |
| 人生態度 | 盡分隨緣，只要有努力，成敗較能釋懷。 | 沒有不可能的事，要積極求取成功。 |
| 事業陷入低潮時 | 很快會看開，認為是幫自己消業障。消了幾次消完了自然成功了。 | 陷入深度的絕望，容易患得患失，怨天尤人。 |

## 成功的標竿來自於一顆佛心

古今中外，各種業界的翹楚許多都是長期受到佛法薰陶的精進家，包括報章雜誌報導過的，我並無緣機會認識的企業大亨，也包括在我周遭事業有成的小小企業家，透過我的觀察，也都是親近佛法許久，依教奉行的實踐家。

在這裡我無意寫出他們的名字，因為以佛法來說，因緣隨時變動，過去是個成功的企業家不代表永遠都一帆風順，若我指名道姓某位成功企業家因為信仰佛法而事業有成，讀者肯定用放大鏡檢視這位企業家，若事業有絲毫起伏則認為我信口開河，甚至群起攻之，一般人都只以短暫現實的成就斷定人，其實倒希望讀者是以長時間觀察較為客觀，因此，我較傾向蓋棺論定的方式評論。在此，舉一位我認為足以代表的例子。

## 沈家禎居士

沈家禎博士是美國航業鉅子，專精於船運生意，但也是一位佛學造詣深厚的佛教居士，他運用佛教精神指導企業經營，從不把商場視作戰場，而是視作利人利己的好地方。他提出的「賺錢＝轉錢」的理論源自佛教教義，慈悲深厚，禪機靈巧，獨具特色，開人心智。沈家禎修行了大半輩子，每天誦經數遍，經常打坐參禪，有時還要閉關。

經過了多年的實修，他提出了一套一生受用的修行方法，可以兼顧生活與修行。

第一點，要決心起早，自己訂一早課。

第二點，要設法一年至少參加一次嚴肅的佛七、禪七或其他修持，不要短過七天。

第三點，要細心認識自己。

第四點，要儘量將自己的生活和修行打成一片。

對於上班族來說，只有第二點比較難以實現，其他三點都是可以努力達成的，其中第三點要細心認識自己，沈居士提出二種類型的人們，第一種是常為自己著想，將自己的利害看得很重的人，其實顧名思義就是較為自私，不會為別人著想的人，正面來說就是獨善其身，個人自掃門前雪類型。第二種則是常為他人著想的人。無論第一種或第二種，皆有不同的修持方法。沈居士的建議是：第一種多研讀四聖諦、八正道等經典。第二種則可研讀《華嚴經》中的善財童子五十三參，逐漸將心量放大。

有三種警覺及一個目標，沈居士也想貢獻給各位供參考及討論：

一、不要以為一定有明天。

二、不要批評。

三、不要為煩惱所轉。

四、以福慧雙修為目標。

# 1-2
## 求財的正確觀念

　　本書要教導你透過實修的方式獲得財富，但獲得財富之前必須有正確的觀念，你的心必須是過程，而非結果。想像一位高瞻遠矚的企業家或執行長整天想的是如何改進產品、如何銷售、創新求變，至於自己要賺多少錢、賺了錢後要如何享受、要買什麼房、買什麼車、要去哪裡旅遊，這些都不是企業家首要考慮的，但一般人卻是相反，心裡想要獲得財富，直接跳過過程，先享受結果，想要開什麼車、買什麼包、到哪裡旅遊都先想好了，但最重要的獲得財富過程並沒有這麼認真思考。因此我們會看到真正有財富的人，一般都不會太在意開什麼車、穿什麼衣服、住什麼宅院、吃什麼大餐，就是樸實有味，不會跟隨世俗眼光。

　　因此，將求財當成某個專案，專注於這個專案，不要想其他的，例如：投資一項買賣，事先應做好各項評估、風險考量，一旦決定便努力進行，只要著重過程就好，許多人做事心態囫圇吞棗，和吃一頓飯一樣，許多人吃完了卻很快忘記吃了什麼，當然在吃飯的當下太專注於思考某件專案而忘記吃什麼自然不在話下。

## 「賺」更多的含意

各位看官，這裡的「賺」除了有實質的金錢物質上的收入外，也包含許多含意。

有人說賺得了財富，有人賺得了健康，也有人說賺得了人生，有人更說賺了一個老婆或孩子，統統都是用賺這個字，有人賺到的是比金錢更有價值的東西，因此，這本書要闡述的也是廣義的財富，學習佛法獲得的是全面性的提升，包括生活、人際、思想與視野，有人沒什麼財富，卻獲得眾人的尊敬，或許「賺」到的比實質的金錢還多。

## 發財的深層涵義

幾乎百分之九十九的人們進入廟宇拜拜求財，皆是喃喃自語：「請神明保佑我財源廣進、事業順利！」或是「請神明保佑我們全家事事順利、身體健康」，這裡頭都有一個字「我」。直到修持了一段時間後，心有所悟，現在只要至廟宇皆改成「願神明保佑天地一切眾生所求皆滿、身體健康」，當改成這樣的祝禱語後頓時豁然開朗，好像自己站在與神明同一個位階（當然是開玩笑），也就是說可以以神明的高度看事情，頓時豁然開朗，就好像人們設定了導航GPS，如果GPS是個有生命的個體，它就好像我們的神明，由最高點往下看，看得一清二楚，接著開

為什麼要用佛法來理財  Chapter 1

始導航人生的方向，如果走錯路，他還會提醒我們修正路線，回到正軌。如果求神拜佛換個角度為其他人而求，而非為自己求，反而更能庇佑自己，因為自己也是眾生之一啊。

以前有位法師說，當某人發願來世要做大布施時，這位發願者來世肯定生在富貴之家或變得非常富有，天地間的道理真的妙不可言，上天會給這位發願者充足的資量盡情去布施，若沒有發這大願，充其量就是個普通小老百姓而已，隨著自己的業力轉動。

## 繼承的財產處理不當多會導致災難

很多時候長輩過世後，子女為了爭奪財產，反目成仇，打打殺殺時有所聞，財產越多爭產越嚴重，這不僅反映了人的貪慾，另一個層面，沒有靠自己掙得的財富多會用不理性的態度處理。

## 善用財富的觀念

本書不是只有強調如何獲得財富，倘若透過特別的修行獲得的財富，肯定也會有條件的限制，這是本書一定要再度強調的觀念。如果透過本書教授的理財方式獲得了一筆財富，卻用於享受美食、燈紅酒綠、盡情放逸玩樂，導

致的後果將遠比以正常方式獲得財富後盡情揮灑還嚴重，畢竟靠著祈求得來的財富是神聖的，應當用於該用之處。因此，只是想著如何賺錢、卻不知善用錢財，寧願不讀此書也罷。

## 有「順」就是有庇佑了

一個商人努力做生意，後來有順利出貨，有順利回收到貨款；身上沒有什麼病痛；學生努力讀書後獲得好成績，這些都算有保佑了。也許有人會說，以上這些都是理所當然的，根本與修行或是神蹟無關，沒有修行的人也會順利賺到錢，身體健康，獲得好成績，那麼還需要讀此書，照此方法修行嗎？

人生很多時候總會遇到大起又大落，賺取的財富瞬間消失無形，妻離子散，有人雖有本事，賺了許多錢，但孩子不知長進、為非作歹，夫妻感情不睦，長輩年老多病，導致這人為「家務事」苦惱不已，比起這些不順心的情況，難道「順」不是個福分嗎？這本書後面會提到人獲取財富其實有更多的複雜因素，修持主要是要讓這些複雜因素簡單化，讓正面的因素維持，讓負面的因素消弭，這樣「順」就變得難能可貴了。

「大事化小，小事化無」也是一種福氣，例如本來一

為什麼要用佛法來理財　Chapter 1

個人要面臨一場災難，因為有修為，這場災難化成小災，財產損失也瞬間驟降，這何嘗不是「賺」了一筆嗎？過去我親身經歷一個故事。某次公司舉辦一個活動，我開著公司廂型車載貨，這車是手排打檔，對於許久沒開手排車的我還自信滿滿，三兩下便熟悉無虞，當車子使用完畢，停放在公司停車場時，將東西卸完後便輕鬆回家，過不久公司警衛打來，說我開的廂型車自撞圍籬樹叢，但幸好沒什麼大礙，只有車身輕微刮傷……我正納悶著為何如此，原來是我打空檔忘記拉手煞車，或者手煞車沒有拉緊，而這停車場本來就是微微的坡道，若沒有煞車肯定倒退，幸運的是，平日我停車的後頭後面都緊接著停三、四輛車，那一天不知為何，後來竟一輛車都沒停，都停往別處去了，當調閱監視器時，只見車子自行緩緩倒退數十公尺，直到斜斜插入樹叢為止。若後面停了一輛車，這財物損失恐不止如此。

　　還有一次開車停紅綠燈時，由於自己是第一輛車，俟綠燈時，紅燈端的車輛全部停住後自己緩緩前行，說時遲那時快躲在一輛大公車旁的小車忽然衝出闖了紅燈幾乎劃過我的車頭，若快0.5秒肯定撞上，在修行的過程中我寧願相信：當培植了福分後，原本應該到來的災難都可能順利化解，即使沒有化解也會讓災難的嚴重度減低，無形中減

少了財物或人身的損失，因此「順」不可小覷，它往往是累積了極多的福分後顯現的結果。

如果所有的一切都能夠量化，便會發覺真正富足絕非財富而已，更有許多的質性，舉例來說，幸福、健康、運氣、家庭和諧、子女孝順……這些和財富相比幾乎不遑多讓，甚而比財富更重要，每個人面對的絕不是單一狀況，幾乎都是這些多種面向交織出的複雜狀況，如果有人的指數如下圖，那麼這人幾乎是達到完美成功的人生了。

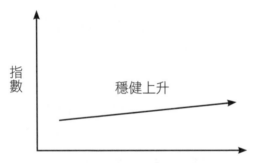

人生的奇妙之處就在於物極必反，過於急躁也非好事，人各種面向一旦過於順遂，便容易自大狂喜，不知分寸，許多大人物、大企業主由盛而衰的例子便足以借鏡，不可不慎。

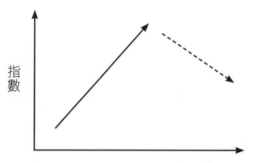

指數

財富+幸福+健康+運氣+家庭和諧+子女孝順……

## 由小窺大

我的部門有位新進同事,這位新進同仁面試時表現極好,各方面的談吐極佳,也顯現出積極向上的一面,因此獲得主管青睞,獲得了這份工作。

新同事進入公司後,不到二星期逐漸走樣,只要下班時間一到不管手邊事情有沒有完成,立刻不見人影,如果要求留下來完成工作,則該大爺立刻談加班費計算方式,否則免談。平日工作時常離開辦公室,喔!原來是哈菸去了,有極大菸癮的他解釋:「因為對新環境陌生,難免緊張,一緊張就想抽菸,可以藉此解除壓力!」

這位新同仁只挑別人看得見的事做,別人看不見的則隨便做。慢慢地交辦事項不是缺一就是漏二,即便是最簡單的任務都無法順利完成,由一開始的「完美型人」到最

後「完全崩解」，可見即使有遠大的目標與志向都需要小處著手，將自己的小細節顧好，諸如禮貌、做事態度、服務，都足以影響大局。細節沒有做好絕對無法成就大事，在修行上說要獲得成就或感應，但平時卻連個佛號或咒語都懶得唸，仍舊抽煙、喝酒、大魚大肉、作息顛倒，如此更甭談最基本的修行了。

這位緊張大師連續緊張了三個月，讓整個辦公室聞足了他身上那一股厚實的煙味，因此經歷了試用期後也順利在本公司畢業了。

## 傻傻的最有福，過於計較反而損失最多

有位同事夫妻，妻子精於算計，常抱怨自己分配到的工作最多，覺得自己很吃虧，想盡一切辦法調部門，只求獲取輕鬆的工作。經過百般探聽，認為某一部門符合自己需求，遂極力透過關係調至該部門。待一切皆如願以償後，剛好這部門也調來了新的主管，這位主管以嚴苛著名，工作量加倍，這位妻子頓時陷入愁雲慘霧之中，沒過多久即舉白旗投降。

這時妻子又極力爭取調回原單位，但因當初申請調離時，這位妻子工作擺爛，沒有好好完成交接，引發原主管極度不滿，這位妻子的行徑已導致名聲掃地，原主管已不

願意接納該名女子，最後只能悻悻然離開了。

　　以上的例子應用到佛法的實修上也正合意，帶著私利、存著心眼的態度是不可能有所成就的，落入人情世故的比較與物質上的錙銖必較只會使人心胸更加狹隘，這都是在修行上的阻礙，不可不慎。

## Chapter 2

# 為生命
# 注入真摯妙法

引導我賺錢以及花錢的哲理，不是關於錢，
而是關於人。

——美國著名投資專家暨慈善家　索羅斯

# 從頭做起——日常生活的改變

## 修行的心境

　　說到修持，把一堆人嚇出滿滿一桶冷汗，事實上我要說的修行不盡然是正襟危坐、不苟言笑的白衣仙士，如果修行是這樣子我也做不來的，修行事實上是可以非常活潑的，心境上也可以是輕鬆的。修行其實是循序漸進的，不可能一次讓自己的生活全部改變，如果全部改變，意味的身體和心靈並沒有同步，好像是強迫自己做這些事，如此對修行容易產生厭倦感。

## 為什麼修行會有功效

　　就像運動、讀書一樣，長期運動的人看起來在外表就是比較年輕有活力，內在也顯得年輕。有讀書的人更顯得飽讀經書、滿腹經綸，而內在也會散發一股氣質，讓人如沐春風。一件事情長期浸淫在裡面自然就會散發那一方面的氣質，而修持在外顯的功效裡，的確會有一股氣質，以前我到某一間大的宮廟裡用午齋，當時好幾十桌的人在一起吃飯，我去盛飯時見著一位老者也來盛飯，簡單向我點頭，瞬間一股氣宇非凡的英氣逼身，雖然瘦小的身材，但

氣宇間散發出來的氣質讓人心生尊敬，後來才知這位老者是該廟的負責人，該廟每日信眾進出數千人，香火鼎盛，自然是該廟神祇加持與負責人的修行有關。

而修行這件事情，除了「自力」達到的功效外，還有「他力」\*這樣的功能，等於是和神佛產生了連結，這樣的力量超越了現世，也連結了過去世與未來世，這不可思議的連結往往將不可能變為可能，力量也由數倍變為數十倍甚至數百倍。

\*他力指的是天地間，人無法控制的範圍，說起來不可思議但真的卻有這樣的力量存在，過去有太多事例證實這些力量的存在，而最近國內比較有名的是前台大校長李嗣涔於1999年時做的手指識字實驗，在實驗過程中無意間發現了無形體的存在，受試者在手指識字時，當寫的是「佛」時，受試者不是如往常般感受到這個字，而是有一個發光的人對著受試者笑，這樣的實驗屢試不爽，當然對於其他的聖者（如菩薩、耶穌基督、阿拉真主……）等也是如此。而咒語也是有同樣的功效，例如六字大明咒：唵嘛呢叭咪吽。

## 重新制定方向

過去在理財上許多人花費大量時間做功課，例如研究股票、參加理財講座，買了一堆理財書籍，想藉此獲取最新理財知識與訊息，但事實上有些人這麼努力鑽研仍孑然

一身，這時便需調整自身的理財規劃，也就是要將修行放上來，即使是10%也好，20%也好，目的就是為了培養「底蘊」。如同建高樓，沒有先固樁、打底，只建地上物只有徒勞無功。

　　一般人的觀念是：從事賺錢的商業活動就無法從事修行的活動，而《當和尚遇到鑽石》作者麥克羅區則明白表示：「千萬不要以為你置身商場就沒有機會或沒有時間，或沒有從事真正心靈生活所必須具備的人格特質。你也不要認為，擁有深刻的內在生活與經營事業之間有任何衝突抵觸之處……。不害臊地說，對於從商也大有利益，這完全符合佛陀的法教……，在美國商業社團正靜靜引領變革，使用古老的佛教智慧經營人生、經營事業以達成現代生活的目標。」

## 檢視自己的生活，減少不必要的雜務

　　口口聲聲想要改變，生活卻一成不變，每天庸庸碌碌，物慾享受，回到家裡，公事包一丟，電視或電腦打開，開始追劇，或是漫無目的瀏覽八卦新聞，很快便過了一、二個小時而不自知，這樣的生活必須改變，套句話：痛定思痛。

　　讓自己空出一些時間，就像回到一個髒亂的家，必須

要先打掃，垃圾收拾乾淨才能開始在家活動，同樣的，生活其實有許多事情是不必要的，卻占據了許多時間，因此從現在起，拿起手機，打開Line及微信或其他社群軟體，將裡頭不必要的群組統統退出，看起來互傳笑話、相互取暖的問候，或是不必要的影片都大大占據了我們的思維與時間，也有許多書籍或雜誌只是聊一些風花雪月，對人生毫無益處罷了，擺脫這些干擾將頓時豁然開朗、輕鬆自在。

電腦裡桌面盡量清潔，不要有雜亂無章的檔案，避免增加搜尋的作業，如果習慣長時間花在電視或掛在網上瀏覽無意義的內容，試著減少這樣的行為，如此一來，就會發覺有多了一些時間了！

## 保持固定作息

保持固定作息是培養自己定的功夫，毛毛躁躁絕對成不了大事。許多大企業家一定都會養成每天固定一項或兩項作息。主要是要讓心靜下來，專注於某件事，有人固定運動、有人養花、有人養魚、有人鑽研茶道，最主要的是在這過程中，看見裡頭的智慧、人生的道理。我喜歡養魚，雖不是貴重的魚種，看著魚缸裡搶著覓食、追逐，每隻魚習性各自不同，有的喜歡鑽入某一小石窟裡，有的喜歡隱身於水草叢中，大魚小魚間的競爭時常發生，但也自

　　　為生命注入真摯妙法　Chapter 2

然形成一個平衡的生態系統。

我不會說教，但深深覺得一個固定的習慣（當然不是那種壞習慣啦！）有助於修行的提升，在現在的社會每個人都忙忙碌碌、汲汲營營，但在這樣的生活圈裡若訓練自己，找出屬於心裡的一個安靜小空間，細細品味、細細觀察總是好的，即使是放空也行。

## 不要為沒時間找理由

許多同修告訴我，沒時間，除了工作忙外，特別是家裡有許多事情要忙，小孩要忙，父母的事要忙，公婆的事要忙，夫妻間的事要忙，好忙好忙……這是大部分人的共同理由。沒錯，我以前也因為家庭、工作繁忙，早早將修行這一件拋諸腦後，但也因為沒有好好做功課深感愧歉，就這樣矛盾與衝突每天在內心不斷上演著。

「再怎麼忙，還是要擠出時間」，我仔細檢視自己一天什麼時間可以獨處，不被干擾，這就是可以做功課的時候了。每當有自己獨處的時間，我就記錄下來，經過了一天，其實還真不少呢！將這些時間化整為零，其實還真不少。首先自己開車的時間，大約有半小時的時間，以前都是聽廣播、聽新聞或聽音樂，現在則是接上手機，進入you-tube，固定的藥師佛咒，唸個20分鐘，大約可以唸80到100

遍，這是很殊勝的心靈經驗，下班時間，換個咒語，換成大黑天神咒語，這咒語在網路上有完整咒語與縮短版本，簡潔有力，即是：

　　嗡瑪哈嘎喇耶梭哈　　　　嗡瑪哈嘎喇耶梭哈

　　嗡瑪哈嘎喇耶梭哈……

句句震入心中，強而有力，唸到整個精神都振奮了起來，好像有一股能量從天而降，直接灌入腦髓。

日本名作家松山真之助在《晨讀30分：上班族人生甜美》一書中指出，時間分成兩種：即「自己的時間」與「他人的時間」。「自己的時間」就是憑靠自己的意志，可以自己掌握的時間，而「他人的時間」即是受到他人支配的時間，既無法自由活動，也無法活出自我。藉由早起可以讓人擁有更多自己的時間，也可以讓人體會到晨讀的魅力，尋找到人生的甜蜜點。

相同的，如果將早起晨讀轉換為修行做功課，更能夠發揮極大的力量。根據許多人的經驗，雖然早起會要人命，但比起其他的項目，是比較容易達成的目標，而且早起精神較好，注意力容易集中，如果可以，先由早起半小時開始，即使什麼都不做也行，靜靜坐在椅子上，集中精神看著某一點，注意不要閉上眼睛，如果容易沉睡的人最好一段時間站起來走動或持誦佛號。

為生命注入真摯妙法　Chapter 2

可以擠出來的時間修行

| 時間 | 說明 | 怎麼做 |
|------|------|--------|
| 起床時間 | 提早起床半小時 | 念佛唸咒、讀經，或靜坐。 |
| 開（搭）車時間 | 通勤時間善加利用 | 戴上耳機播放佛經或咒語，跟著唸誦。 |
| 洗完澡（睡前）時間 | 洗完澡精神較好，適合修行。 | 穿著寬鬆衣物或休閒服裝，在一不受干擾的空間，讓心沉澱下來，進行修行。 |
| 其他時間 | 例如上班短暫休息時間、等車、走路時 | 隨時口誦佛號或心中念著佛號，不讓心散漫。 |

　　我有一次過了很忙的一天，連一點點時間都沒有辦法空下來念一句佛號，到了晚上就寢前仔細回想了當日到底忙了那些事，結果……除了正事外，還是做了許多無意義的事，和工作同仁討論公事外，還順便聊一下天……最近去看了哪一部電影、小孩教養問題……等；打開line，有人傳送影片忍不住下載還看了看笑一笑，還不只一兩次而是好幾次；電腦本想多工進行，但一次開太多視窗無法專注某一項工作，結果還是延宕工作事後很懊惱，這些根本都是可以挪出來修行的，當然，回到家陪小孩玩，這是必要的，不是浪費時間，但看了財經新聞隨意又看了其他台的

政論節目或綜藝節目就似乎過多了……

## 培養慈悲心

　　我認為所有的修行第一個步驟都是從培養慈悲心開始，如果沒有慈悲心，就算花再多的時間修持都是枉然。因為所有的修持都必須以利他為出發點，以「人飢己飢、人溺己溺」的胸懷，有慈悲心，自然不忍殺生，自然和顏悅色，當知道有人生病，不管親疏，雖無法去探望，卻始終掛念著這人的病情。有位同事開刀，儘管自己很忙碌，卻一直在心底為她祈福，希望她能夠快點康復，這是發自內心的聲音。

　　慈悲心也擴及一切的生物，許多時候並非只是對人產生慈悲心，對小動物、植物也一定程度的給予關心與同理心，這也是發自內心愛屋及烏的自然表現。這是自我提升的過程，有了這過程為基礎，就可以準備進入真正修行的階段了。

## 要越修越高興

　　如果心中一直想著，修持好難喔！好麻煩喔！那就表示自己尚未準備好這個心理狀況，如果心中一直歡喜修持，因為就快發財了（但此發財不是為自己，是為了許多

為生命注入真摯妙法　Chapter 2

志業），我就快獲得無上珍寶了，就好像自己有了動力，找到快樂的鑰匙，但因為人常受到外界影響，心中的愉悅很容易消失得無影無蹤，保持心性的穩定真的不容易，這也是世間成功者少，失敗者多的原因。我估計，修持至少要持續一年才會有點感應，但不能輕言說感應，感應讓人覺得要有神通了，應該是益加明事理，或許一年後有人來罵我：「亂說！修了這麼久，我一點感覺都沒有，更不用提感應了，仇人倒是結了一堆……」我敢說，這一定不是以清淨心來修的，一定是以貪心來修的。

## 越簡單越深入

　　修行不是讓自己越來越複雜，而是越來越簡單，為了要讓自己保持這樣的情境，要漸漸拋棄一些習慣，首先，有些電視節目不要再看了，特別是綜藝節目、八卦節目、政治談話節目，還有一些網路網站，花了這麼多時間在這裡，等於是減少親近更重要事物的機會。

　　乍看之下每個現代人都像超人，在短短幾秒內便掌握全球資訊，讓自己快速與世界接軌，每件新聞、每個訊息像是很重要非讀不可，但仔細審視，真的是如此嗎？有個熟知的故事是這樣的，有一天乾隆皇帝下江南，到了金山禪寺，見了住持法磐禪師，二人走到長江邊，他問禪師：

「你每天看船隻來來往往，一日大約有多少艘船呢？」禪師說：「只有二艘！」乾隆皇帝百思不解：「這麼多船你怎麼會說只有兩艘呢？」禪師低著眉頭說：「一艘船叫名，一艘船叫利，其實這些船每天都是為了名與利奔波啊！」這些新聞說穿了幾乎全都是名與利的故事，而每個故事其實都與我不相干，真正與我相干的只有如何修行，如何累積資糧，想到這裡，回過頭來又浪費了十餘分鐘，因此，現代科技帶來了方便，卻也讓人更加定不下心，意志不堅的人們很快便會沉淪，讓世俗的事情纏繞於身，無法專注於自身的提升。常常我們認為自己不容易受到外界干擾與誘惑，殊不知身為人，定力薄弱得可以，舉個簡單的例子，讓一隻蚊子在自己身上吸血而不去打它，這樣的人又有多少；路上一位帥哥或美女擦肩而過而在心中不留下任何烙印的又有幾人？

　　另外，許多人生活忙碌，但其實是自己找來的，一週的行程如果沒有排滿便想盡辦法要排滿，顯示自己的重要性，以前的我就是如此，如果剛好某一天下午沒事，就覺得渾身不對勁，一定要安排個飯局或找個人談談不可，深怕沒有排到就好像廢人一樣。其實，現在想想真是傻，如果剛好有這樣的空檔，應該要感到很慶幸，可以拿來好好修持一番，或是閱讀提升心靈的書籍。

# 2-2

# 和神佛相應

　　本書不講怪力亂神，但卻要相信冥冥中天地萬物有一股力量是可以運用的，人的力量相當渺小，靠著正確的修行方式，可以讓這力量在自己身上發揮，但世間的神千千萬萬，大神小神、正神邪神，各種各類，無處不在，到底要找哪一座神來相印呢？其實也不難，如果沒有特別相印的神，建議就以本書介紹的三尊神佛來相印，藥師佛、大梵天王、大黑天神這三尊神佛在實修中我認為最懂眾生，能夠滿足眾生願望，並且是正信無誤的神，相印力不可思議，當然如果已有相印的神，仍以自己的神為主。

　　所謂的相印即是認為和自己最有緣的神，有人是阿彌陀佛，有人是觀世音菩薩，只要覺得看到佛像心生歡喜，遇到急事時第一個想到的就是這尊神佛，這就是了。每次地震來臨時，我心裡不知不覺便立刻唸了「嗡嘛尼唄美吽」的咒語，這是觀世音菩薩心咒，我想她會是幫助我解決災難最重要的力量。

　　好，有了這尊（或不只一尊）相印的神佛後，便要開始修持了，有人天賦異稟，很快進入狀況，但大多數人卻總覺得沒有什麼進展，除了自身的心態與信心度外，還有

一項重要的因素——障礙物擋在前面。

　　求神拜佛到極致便是和神相應，和正規的神明相應的路徑都一樣，就是先將障礙物去掉。這些障礙物便是諸如慾望、業障、瞋恨、愚癡、煩惱……等類，如同超級霧霾擋住視線，明明神佛就在眼前卻無從而見，其實神明不是故意不和人相印，這些阻礙自人心中產生，也唯有自己才能消除這些障礙後不需要神通也不需要花錢，神佛自然顯現。

　　可惜的是我們生為人無始劫以來，光是業障便不知有多少，欲在很短時間內去除簡直是天方夜譚。沒關係，神佛是慈悲的，開了許多方便門，透過一定的修持，然後保持一顆清淨心，仍是可以和神佛相印。

　　在道場裡，有一位女性同修，精進實修，觀其神情、態度、行為的變化，均在一步步與神佛感應當中，這種喜悅只有她能體會，而當這樣的境界一步步到來時，許多原來在乎的、一直想要得到的便顯得微不足道了，對於物質的要求也跟著降低了。這位女性同修為了維持基本生計，但又希望精進修行，選擇打工式的生活，平日努力修行，假日則全心工作，因此，所謂的修行沒有一定的模式，也沒有誰對誰錯，能夠讓自己一直朝著目標邁進就好。

為生命注入真摯妙法　Chapter 2

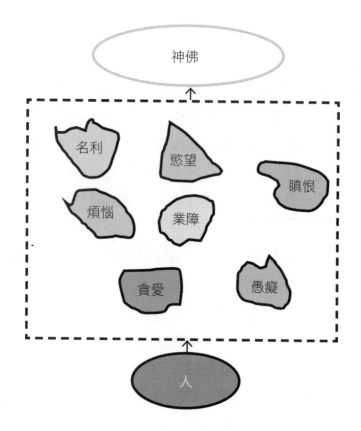

想要與神佛心心相印便需要清除中間的障礙

## 咒語的強大力量

聖嚴法師說：「持咒，是以同一種特定的語句反覆地持誦，便會產生咒的力量，其中固然有代表神明的靈力，重要的還是持誦者的心念集中之力。所以，持咒者持誦越

久，效驗越強；如果能夠專心一致，反覆持誦同一咒文，也能達成統一身心，從有念而至無念的禪定效果……」咒語是與天地間連結的一股強大語言，也是和神佛最直接溝通的語言，由這些神佛流傳下來給我們的語言，主要是能趨吉避凶，因此除了讓人添福添壽得財外，也有許多是趕走惡魔惡鬼的咒語。

許多時候我們唸了並沒有感受到有什麼不同，但事實上已經產生了作用，只是我們不知道而已，大部分時間我們都是處在「不知者」的狀態下，但不表示沒有發生，事實上我們說的話或顯現出來的行為都有可能改變周遭的人事物。

有位朋友曾經是一位對人生總是抱持悲觀，處處以負面觀點看事情的人，連外貌、穿著看起來都顯得黯淡無光，一片死寂。不料有次再度遇見他，「容光煥發、充滿自信」是最好的寫照，完全變了一個人，他竟告訴我，是因為我曾經在和他閒聊的過程中改變了他，而一頭霧水的我仍不知跟他說過什麼話。

有時候我們飼養的寵物，往往我們一個眼神、一記觸摸也能讓寵物高興萬分，我們的穿著舉止往往也讓其他人心中一悸，這都是始料未及的。以前在美國讀書時，有一次大夥開著車外出遊玩，我開在前頭，另一位同學開在

後頭跟著我，行經一處鄉下筆直寬敞的道路，有處十字路口卻沒紅綠燈，我自然地停下來等著這位同學的車跟上，再一起通過十字路口。事後這位同學特別語帶感激地告訴我：「謝謝你等我，我和你通過馬路時才意識到一輛大卡車剛經過，若沒有你停下來帶著我，或許會有不好的狀況發生……」

神佛流傳下來的咒語各有不同效用，用很簡單的解釋，例如：阿彌陀佛心咒代表的是宇宙間祝福的力量、六字大明咒代表觀音的智慧與慈悲、準提咒代表的是消除煩惱化解痛苦，回歸清淨本質的能量、綠度母心咒顯現的是生命圓滿的階段、藥師咒則能身心一切病苦、文殊咒則開啟智慧的力量……，如果相信他，將為自己的人生帶來無窮無盡的福分。

我曾經在有一段時間努力念誦咕嚕咕咧佛母的心咒，咕嚕咕咧是已成佛的佛母，誠心持誦對於自己的心願可達圓滿，也對人際關係及事業特別有效。每天早晚我只要有任何空閒時間皆不斷口誦或默念，在車上也播放著此咒，本來剛進入一份新的工作，結果意想不到許多年沒聯絡的客戶卻主動跟我聯絡，在新的工作環境也遇到許多貴人，很快銜接上業務，讓我雖為新人卻有著不錯的績效。此咒語為：

嗡　咕嚕咕咧須梭哈

當然有一些咒語需經過上師的灌頂與指導才如法，若無上師的教導則還有一個方法，即是念誦「大輪金剛陀羅尼」21遍。以上的咒語、方法與步驟都將在後面章節專文介紹。

## 修行可以具有幽默感嗎？

當然是可以的，如果兩千多年前便發明了錄音機，相信佛陀的弟子除了錄下佛陀的金句良言外，也一定可以錄下許多令人莞爾一笑的生活點滴，否則佛陀帶領這麼龐大的僧團，不來一些調劑怎麼行呢？當然這裡頭或許都已經跳脫生死的菩薩級人物，但圓滿的佛陀洞悉所有一切，沒有在本尊身上搞笑也會在分身搞笑。（記住，佛陀有無數化身！）因此，佛陀都有幽默感了，我們處在壓力極大的環境中當然一定要製造一些幽默感才行。

## 念佛可以有主菜副菜之分

這是我常使用的方法，主要是用來讓我們這樣的凡夫在修行上更具靈活性，就像佛寺每天晨鐘暮鼓，但固定

時間也需辦個佛七、朝山、法會……等等，都是修行的方式之一。主副菜並非孰輕孰重，也不是誰高誰低，只是為了增加修行的多元性，避免枯燥無味，也順應不同程度的眾生方便之門。主副菜相依相存，主菜少了副菜，口感全無、營養失衡，副菜少了主菜則熱量攝取不足，體力恐無法負荷。

例如我的主菜是藥師佛咒，副菜為文殊咒、心經及百字明咒。有時候副菜則改為準提咒、大黑天神咒、咕嚕咕咧心咒。主菜不變，副菜則讓我領略不同的意涵與心境。

# 2-3

# 通往智慧與財富之路
## ——開始學習靜坐

　　大部分的修行人展開修行之路，第一個步驟便是學習靜坐，靜坐不是要讓自己刻意做到雙腳極度麻痺、痛苦不堪，由淺入深，由5分鐘開始慢慢拉長時間，隨自己的適應能力到達一個身心平衡的境地。能夠如實靜坐的人可以產生巨大的能量，這並不是說會有神通，而是透過靜坐可以讓腦波改變，達到前所未有的狀態，許多書或網站都有教導如何靜坐的方式，這裡簡單分享幾個重點。

（1）穿寬鬆衣服，不要穿牛仔褲之類的。

（2）準備適當坐墊，一條大浴巾。

（3）靜坐環境通風但不要有大風。

（4）找一個坐墊讓臀部墊高。

（5）臀部和兩腿膝蓋頂端形成三角支撐點達到平衡，不偏不倚。

（6）靜坐時的呼吸保持細而長比較不易昏沉。

| | |
|---|---|
| 靜坐圖（散盤） | 散盤對於初學者來說是最舒服的姿勢，兩腿弓起維持臀部和兩膝蓋間的三角點平衡即可 |
| 靜坐圖（單盤） | 一腳努力跨到另外一腳腿根上，保持三角點平衡。 |
| 靜坐圖（雙盤） | 這是最難的姿勢，沒有體驗過的人不宜由這姿勢開始。若已有真功夫或腿骨軟的人即可嘗試。 |
| 觀音趺坐 | 此觀音趺坐為利用一腳捲曲放平，另一腳捲曲直立，呈現90度狀，此意義為隨時可站起來，即刻救度眾生。 |

當開始修行時許多念頭逐漸轉變，當思緒越來越清晰時，對於許多外在事物便產生極大的衝突感，本來固定關心的國家社會時事都感覺不對勁了，電視播的盡是搶奪、殺人、車禍、酒駕這些災難新聞，但即使是所謂的正面新聞，也是某明星接一檔節目，月入數百萬，某富商第二代身價500億，迎娶某開發金公主，原本網路上讀到一些聳動的標題，不自覺便容易點進去，經過了修行，對於每天這些新聞感到厭倦，這是進入了所謂「見山不是山，見水不是水」的階段。

又經過了一段時間，對於每天發生在周遭嫌惡的事物漸漸不會覺得厭煩，而是以更包容的心，更慈悲的態度對待，又回到了「見山即是山，見水即是水」的階段。其實外在的變化不重要，改變的是自己的那顆心。

雖然自己還沒到開悟覺知的階段，但可以體會的是一位修行人的心理，我綜合幾項進入修持階段的心情轉變，因此，若要檢視自己是否往這方向前進，幾點可供參考：

（1）慢慢減少物質的享受，不會要求吃好穿好，簡單就好。

（2）進入佛寺不會急著燒香，也不一定會燒香，因為知曉心誠則靈的道理。

（3）對神佛祈求不一定都是要成就自己的願望，反而更能祈願所有眾生都可獲得利益，也就是說對自己求的心情化成對大眾求的心態。

（4）對於許多社會新聞漸漸不感興趣。

（5）對於探究人生真理有一定的興趣。

## 訂出一套可行的功課

　　每天固定的修行是必要的，訂定一個對自己最適合的功課表。記得以前有一次到寺廟聽一位師父說，修行貴在持續不斷，而非兩天捕魚，三天曬網，這樣會漸漸散去，如果可以，在家中一個小地方當成每日修持的場所。但在家人跟出家人不一樣，為了三餐奔波在所難免，以我為例，晚上訂的功課，常常因為一天的工作疲勞或者因為晚上有飯局而鬆懈或放棄，唯有早上提早至少半小時起床，訂出半小時的功課這樣最有效，然而每個人還是可依自己的狀況調整。

　　對於還沒有訂出功課的人來說，或許不知如何訂定每天的修行功課，以下圖示為普通修持儀軌介紹，時間大約半小時，每天做習慣了除了內心獲得平靜外，對於生活也會有很大的改變。

## 每日可以在家做的功課

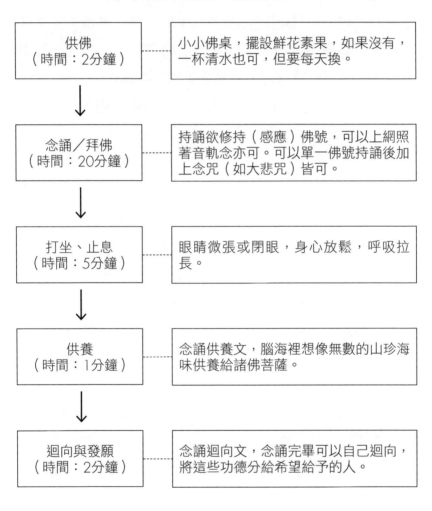

| | |
|---|---|
| 供佛<br>（時間：2分鐘） | 小小佛桌，擺設鮮花素果，如果沒有，一杯清水也可，但要每天換。 |
| 念誦／拜佛<br>（時間：20分鐘） | 持誦欲修持（感應）佛號，可以上網照著音軌念亦可。可以單一佛號持誦後加上念咒（如大悲咒）皆可。 |
| 打坐、止息<br>（時間：5分鐘） | 眼睛微張或閉眼，身心放鬆，呼吸拉長。 |
| 供養<br>（時間：1分鐘） | 念誦供養文，腦海裡想像無數的山珍海味供養給諸佛菩薩。 |
| 迴向與發願<br>（時間：2分鐘） | 念誦迴向文，念誦完畢可以自己迴向，將這些功德分給希望給予的人。 |

為生命注入真摯妙法　Chapter 2

每天以半小時完成功課，如果較有空閒時也可以延長念誦及打坐的時間，而功課最怕流於形式，若流於形式對於修行一點幫助都沒有，因此要時時告訴自己將修行精神及發願的內容付諸實行。例如發了以下的願：

　　「每天我要努力完成一切善，並拋棄一切惡，為了幫助一切眾生離苦得解脫，我努力修持，絕不放棄！」

　　當發了這個願力，每天即使只做了一件小事（例如看到垃圾撿起來），累續起來也有不得了的能量，但是，當說了這些卻不實施，每天仍然和人起口角、生意上爾虞我詐、打打殺殺，如同船過水無痕，一點也起不了作用。

　　不要去想如此的修行會帶給我們自身什麼好處，倒是我們將發展出一些優點、長處，這些心靈上的變化，可以讓我們減輕別人的痛苦，並引導終生覺悟，它是最真實、最究竟的快樂。

　　如果我們犯了錯、造了惡業，就要懺悔，自我譴責並希望：「願我明日不再犯同樣的錯誤。」這樣的發願很重要，這樣做才有力量。

　　如果我們做了善行積了善業，便把諸善功德回向給一切眾生，使其能早日解脫。

## 每日的反省功課

如果供養完，在回向前能夠再撥出時間進行懺悔，可以有更殊勝的效用。有人或許會說，我又沒做錯什麼事，幹嘛懺悔，其實無始劫以來，我們不知做了多少壞事、殺了多少不該殺的眾生而不自知，其實不用以宗教的觀念來說明，也有許多例子證明人真的在無形中不知傷害了其他多少生命，或者與人結怨、與人爭戰……等等許多事例皆可回想。

臺北醫學大學韓柏檉教授曾經於報紙寫了一篇文章，指出懺悔與感恩對於罹患癌症者的確有無形的療癒力。他指出，怨與恨是罹患癌症可能的原因之一，情緒壓力影響人體免疫系統與療癒系統，此稱為心毒。長期累積的負能量讓身體壞分子流竄，導致癌症（腫瘤）的發生。

他發現，接受此觀念的病人開始對過去所做所為或對人對事誠心懺悔，也對人與事真誠感恩，感謝眾多幫助過自己的人，也感謝父母養育之恩，更感謝不認識卻舉手之勞的陌生人，比較讓心能夠柔軟，也能以慈悲心看周遭的人事物，當承認自己的錯之後，都能夠以欣賞的角度看家人的每個動作及反應，用珍惜的心把握每個當下。龍德上師也說過，臨終的人往往會生起懺悔心，我的父親在臨終之時也一直說：「對不起！對不起！」這都是人在最後一

刻往往容易見到或感覺到過去的親友前來，其中也不乏曾經傷害過的人或眾生前來索討。

關於懺悔，是出自內心的，不是外顯的，有的人背了長串的懺悔文，卻依然沒有悔意，與其這樣倒不如真心誠意的懺悔過去傷害過的眾生。

對於大部分的我們總覺得我們一生並沒有做什麼太嚴重的壞事，甚至還認為自己是大好人，做了許多好事，所謂的壞事頂多只有偷吃別人的便當；偷打了別人家小狗的屁股；故意對不喜歡的同學打小報告，而且這些事情相信受害者也會原諒自己，沒什麼好懺悔的。但如果以更遠的角度來看這件事情，或許就能理解了，這個更遠的角度便是跨越這一世，回顧到前一世。

關於前世、今生、未來世這理論要了解透澈不容易，除非研究過相關經典或有切身經歷，但我相信過去這麼多世，每個人難免都犯過大錯，傷害過愛我們的人，我們應該敬畏「未知」且時常反省自己。前一世其實和這一世都有相關連結，如果稍微理解此理，自然就會對這些「冤親債主」心生懺悔。

## 修持不可以太計較

有人將修持當成投資，每天花多少分鐘、多少小時念佛持咒，付出了一個月後，在股市上應該會有所回報；在商場上應該賺大錢；在工作上應該獲得升職加薪；或者長期的病痛也應該療癒了吧！這是將修持當成一場交易，而且是賺率好幾百倍甚至千倍的交易。

套《金剛經》所云：「應無所住而生其心！」不在乎在自我利益得失做事，而以無私無我的智慧處理事務是修持的精隨所在。「無欲則剛」這諺語亦是如此，處處計較的人看似贏了賽局，但其實是輸的一蹋糊塗。

## 保持環境整齊清潔很重要

在一堆雜亂不堪的環境中可以好好修行幾乎是不可能的事情，在風水學中亦是如此，雜亂、陰暗、空氣不流通、濕氣重都是風水上的大忌，住在裡頭的人容易生病，何況修持。

家裡的擺設還是很重要，往往一個盆栽，一個小魚缸，都能夠讓心情平靜，也讓心境緩和。

## Chapter 3

# 幫助你
# 財運亨通的神佛

你希望事業有成,人生順遂,但是在你的內心也有
一個強烈的直覺告訴你,除非擁有充實的心靈,否
則人生就了無意義。
——美國佛學博士　麥可羅區 ( Michael Roach),
《當和尚遇到鑽石》作者

佛教中每一尊神佛，只要跟你有緣，帶著正念修持都會有成就，求財得財、求健康得健康、求富貴得富貴，不限於哪一尊佛誰高誰下，尊尊平等，最重要是心的作用，進入三摩地\*中和神佛感應。佛教裡頭有所謂的紅、黃、綠、黑、白財神及財寶天王及各方諸佛菩薩，每一尊都有發大慈悲心的願力及其救度的因緣，如果精進修持終得成就。

在我修持的過程中，我發現有三尊神佛的力量極大，感應也最深，幫助我在工作及投資理財上獲致極大的成功，在精神生活上也更加豐富與堅定信念。這三尊分別是藥師佛、大黑天神與大梵天王（四面佛）。

當然每個人感應不同，與各諸佛菩薩的緣分不同，因此我也另介紹幾尊具有神通力的神佛與修行方式，或許讀者會發現與這些神佛更有感應，希望皆能有所助益。

\*意指進入心不散亂的狀態，一般來說即是指禪定狀態。

# 3-1
## 藥師佛緣起

　　走進寺廟，大雄寶殿內面對前方最普遍供奉三尊佛，中間是釋迦摩尼佛——娑婆世界的教主，左邊是阿彌陀佛——西方極樂世界的教主，右邊則是藥師佛——東方琉璃光淨土的教主。偉大的三尊佛各有願力，對我們這世界的一切眾生也最有緣分，其中藥師佛顧名思義，專門治療我們身心疾病，在我們這個世界多少都會生病，因此如果人

人都能認識藥師佛，同時依他的教理修行，可以讓無論是生理的病或心理的病很快消除，並獲得大智慧。

藥師佛有無量的智慧與功德，要簡單快速認識藥師佛，先由他發下的十二大願開始說起，南懷瑾大師說，藥師佛所發的十二大願，總歸一句話，就是「令諸有情，所求皆得！」要使所有的眾生所求都如願，這是當初藥師佛修行的動機。在佛教的觀點裡，沒有發願不能成佛，只要想要成佛就得發願，因為願力而構成願行，有了願力就有行動，讓發的願達成。

## 藥師佛十二大願經文

第一大願：願我來世，得阿耨多羅三藐三菩提時，自身光明熾然照耀無量無數無邊世界，以三十二大丈夫相，八十隨形莊嚴其身；令一切有情如我無異。

第一大願，希望我在未來世，當我得以成就無上正等正覺時，我的身體成為光明火炬，熊熊燃燒，照亮無量無邊的世界，同時具有三十二種大丈夫相及八十種隨行具有美好莊嚴的形象，讓一切眾生都像我一樣都具備這樣的形象。

第二大願：願我來世得菩提時，身如琉璃，內外明徹，淨無瑕穢；光明廣大，功德巍巍，身善安住，燄網莊嚴過於日月；幽冥眾生，悉蒙開曉，隨意所趣，作諸事業。

第二大願，希望我在未來世時，當我得以成就無上正等正覺時，我的身體就像琉璃般整身通體透明，由內到外清澈無瑕，光明廣大，無量無邊功德整飾其身，此身安住不動，燄光交織如網，光亮勝過日月。而處於幽冥之中的眾生，受到這光明而使自己晦暗無光的心境得以開曉啟蒙，隨順眾生的心願而實現一切所求，而事業也一帆風順。

第三大願：願我來世得菩提時，以無量無邊智慧方便，令諸有情皆得無盡所受用物，莫令眾生，有所乏少。

第三大願，願我未來世得無上正等正覺時，我能夠以無量無邊的智慧方便，創造出無窮盡的物質用品等財寶，讓一切眾生得以充分享用，永遠沒有匱乏。

第四大願：願我來世得菩提時，若諸有情行邪道者，悉令安住菩提道中；若行聲聞獨覺乘者，皆以大乘而安立之。

第四大願，願我未來世得無上正等正覺時，若有眾生奉行邪門外道，則一定讓他們安然進入覺悟之菩薩道，而

那些聲聞及緣覺解脫道法的人，一定要使他們依傍大乘安然而立。

第五大願：願我來世得菩提時，若有無量無邊有情，於我法中修行梵行，一切皆令得不缺戒、具三聚戒；設有毀犯，聞我名已還得清淨，不墮惡趣。

第五大願，願我未來世得無上正等正覺時，如果有無量無邊的眾生，如果他們在我的正法中修習清淨的梵行，我一定讓他們的戒行圓滿，並且具有菩薩的三聚戒，假設有人毀了戒律，只要聽到我的名號，便可以恢復清淨，不會再墮入三惡道。

第六大願：願我來世得菩提時，若諸有情，其身下劣，諸根不具，醜陋、頑愚、盲、聾、瘖、啞、攣躄、背僂、白癩、顛狂、種種病苦；聞我名已，一切皆得端正黠慧，諸根完具，無諸疾苦。

第六大願，願我未來世得無上正等正覺時，一切眾生之中，若有身體殘缺、醜陋、愚蠢頑固、瞎眼、耳聾、喑啞、四肢不全、駝背、痲瘋、顛倒發狂及種種病苦，只要聽到我的名號，將會立即獲得端正形象和聰明智慧，所有器官也會回復正常，一切病痛悉皆消除。

第七大願：願我來世得菩提時，若諸有情眾病逼切，無救無歸，無醫無藥，無親無家，貧窮多苦；我之名號一經其耳，眾病悉除，身心安樂，家屬資具悉皆豐足，乃至證得無上菩提。

第七大願，願我未來世得無上正等正覺時，一切眾生之中，如果有人遭到疾病的肆虐，無人解救、無人依託，沒有醫藥，也無親戚家屬照顧，窮困潦倒，只要聽到我的名號，則所有病痛盡皆消除，且得身心安樂，所有家庭眷屬所需用具全都豐足無缺，以至於因此得證無上正等正覺。

第八大願：願我來世得菩提時，若有女人為女百惡之所逼惱，極生厭離，願捨女身；聞我名已，一切皆得轉女成男，具丈夫相，乃至證得無上菩提。

第八大願，願我未來世得無上正等正覺時，若有女人因為厭惡身為女身，被諸多嫌惡障礙所苦惱，想要捨掉女生的身體，只要聽聞我的名號，一切都可以立刻轉女為男，並且具有端正威嚴的大丈夫相，乃至於證得無上正等正覺的智慧。

第九大願：願我來世得菩提時，令諸有情出魔罥網，解脫一切外道纏縛；若墮種種惡見稠林，皆當引攝置於正

幫助你財運亨通的神佛　Chapter 3

見，漸令修習諸菩薩行，速證無上正等菩提。

第九大願，願我未來世得無上正等正覺時，讓一切有情眾生，都能夠掙脫惡魔的魔網，不受一切外道的糾纏與束縛。如果有人墮入了邪見的密林，我就會以我的威神之力，引導他們，攝持護衛他們，使他們得以安住於正見之中，然後逐漸讓他們修習種種菩薩道行，以使他們能夠盡快地證得無上正等正覺的智慧。


第十大願：願我來世得菩提時，若諸有情王法所加，縛錄鞭撻，繫閉牢獄，或當刑戮，及餘無量災難凌辱，悲愁煎逼，身心受苦；若聞我名，以我福德威神力故，皆得解脫一切憂苦。

第十大願，願我未來世得無上正等正覺時，若一切有情眾生之中，有人受到王法的懲處，受到了捆綁鞭撻，繫於牢獄之中，或者應當受到刑法的懲罰或殺戮，或者面臨種種的災難和欺凌，感到悲哀愁苦，只要他們聽聞到我的名號，以我的福德威神之力，便可以使他們解脫一切的憂愁悲苦。


第十一大願：願我來世得菩提時，若諸有情饑渴所惱，為求食故造諸惡業；得聞我名，專念受持，我當先以

上妙飲食飽足其身，後以法味畢竟安樂而建立之。

第十一大願，願我未來世得無上正等正覺時，若一切有情眾生之中，生活困頓，饑渴逼惱，為求得一點裹腹的飲食而做壞事，只要他們聽聞到了我的名號，專心地受持我的名號，我便會把上好美味的食物供應給他，使其身體得以飽足暖和，然後又施予正法的美味，使他最終能夠得享安樂並建身立業於其中。


第十二大願：願我來世得菩提時，若諸有情貧無衣服，蚊虻寒熱，晝夜逼惱；若聞我名，專念受持，如其所好即得種種上妙衣服，亦得一切寶莊嚴具，華鬘、塗香，鼓樂眾伎，隨心所翫，皆令滿足」

第十二大願，願我未來世得無上正等正覺時，若一切有情眾生之中，衣不蔽體，受到蚊蠅虻蟲的叮咬困擾，或者在白天黑夜，受到溫差變化所帶來的煩惱，只要聽聞了我的名號，專心受持，就可隨應著他心裡所希求的需要，得到各式各樣上等奇妙的好衣服，還可以得到一切珍寶等裝飾的用具，美麗的頭髮、身體上塗滿奇異名貴的香料，享受曼妙的音樂和歌舞，只要有所需求，就能隨心所欲，得到實現。

## 每個願力都為求眾生安樂富足

　　佛和眾生最大的不同就是他的願力都是利他，而不是要求別人給予，第七大願裡其中一句：「家屬資具，悉皆豐足！」這一句就是可以證明他的大慈悲，只要聽過祂的名號並且求祂，除了眾生自己之外，還有讓各方家屬通通發財，資具是幫助生活的錢和物質，除此之外，還「眾病悉除，身心安樂！」可見這是多麼慈悲的願力。然後又關心這世界眾生最渴望的基本需求，因此第十一大願說，眾生如果被飢渴所煩惱，為求飲食而造一切惡業時，只要唸藥師佛名號，馬上可以得到絕佳的飲食，然後以佛教的法味讓眾生過很好的生活。但有人會說，哪有，我都有唸藥師佛的名號，怎麼都沒有享受到這些美食，記得，是「專唸受持」才有可能，有人日日夜夜唸佛的咒語仍然沒有感應，也許這都是妄念，所謂「專唸」，就是前念不生，後念不起，中間這一念與佛相應，要到這地步非常不容易，就像有人說，奇怪我明明很用功，念了這麼多佛號，也念了這麼多觀世音菩薩聖號，怎麼一次都沒有見到他們，直到讀了佛經才瞭解，其實並不是這些諸佛菩薩沒有現前，而是每個人因為煩惱濁見，自己讓自己蒙蔽了，就像天空產生了巨大的霾害和霧氣干擾，即使上頭飛過一架飛機，下頭的人們也看不見，不是飛機沒有出現，而是中間隔了

太多穢氣了。因此，我們眾生就像頭頂都罩著煙霧罩，既看不見前方也看不見上下左右，只有經過修持的人才會知道將頭罩拿開，自然撥雲見日，最後能夠看見清楚的佛菩薩。

而第十二大願是最入世的，藥師佛知道眾生習性，不忍過於苛求，只要專心受持，就能夠讓眾生獲得種種上妙衣服，也可以得到各式各樣的裝飾品、項鍊、珠寶等，華鬘這類物品是古代印度年輕男女喜歡的裝飾品，在身上塗香也是最時尚的行為，現代社會也是如此，所以進入寺廟也習慣點香，供養香花，這是很合乎藥師佛的願力。

還有，藥師佛允許音樂歌舞，我們這世界的眾生，最現實、最希望得到的就是對物質的需求，本來大乘佛教對於聲色歌舞是禁止的，但是密宗對於華鬘飲食和歌舞不會禁止，也是因為藥師佛此願力之故。

如果深入瞭解這十二大願，也會瞭解這些願力的精神即是「捨己為人」，忘了自己，完全為眾生著想，因此，藥師佛完全都是利人，不是利己。因此，如果抱著利己的心態來求財，肯定求不到！但是本書又要教人求財，那豈非自相矛盾？其實非也，重點在於心態，如果向藥師佛求財時，同時也發願要將求來的錢財施捨一些出去利益眾生，我想藥師佛會很樂意讓你得到這筆財富的。

再者，藥師佛給了這十二大願，相對的，自己也要檢查自己的行為，試想有一位強盜，壞事幹盡，但很認真念藥師經，試問這樣是否有感應？一定不會。我想應該也不會有這樣的人。就好比自己在一家公司任職，身為下屬，上司要求許多做事及經營方式，卻有一位員工不按照這方式做事，卻要求公司也加薪，這樣不問付出，只問收穫的方式永遠也無法感應。

## 對待財富的正確觀念

無論大小乘的修持，均以布施為先，那麼，如果有一筆意外之財，要施捨多少比例才合乎原則呢？我認為至少要這筆財富的三成，想想，假如這筆錢財本來是不會落入自己口袋的，是因為求了才有的，等於無中生有，這樣想就會願意拿出三成做善事。那麼如果有人先跟佛菩薩承諾要拿出三成金錢做善事，事後反悔怎麼辦，這種人心想：「反正錢已經拿到了，佛菩薩能拿我怎麼樣，況且佛菩薩如此慈悲，不會報復的啦！」的確，佛菩薩不可能藉此報復，佛菩薩的智慧如此透徹明晰，早會知道這人會有這些造作，菩薩道的道德標準是嚴以律己、寬以待人，對於此人這樣的行徑早已預知，卻仍放心讓此人不布施。事實上，看似這樣的結果，在佛菩薩的角度看到的是因果的道

理，在某一世促成的因，到這世來結成這樣的果，因此佛菩薩一點也不擔心，在業力轉換的過程中，此人將以不同形式利益眾生。

　　許多的習性看起來不怎麼樣，其實是會連帶影響後續的運勢（包括財運）及生命，例如有人吝嗇，而吝嗇的人一定貪，貪的人必定兇狠，這種心念是連帶的，為何呢？因為貪的人如果得不到，必定想盡辦法得到，不自覺就會使出兇狠手段得到。

　　以前有位同事，表面風光，卻是位吝嗇之人，常常飯局吃到快結束時便說有事急於開溜，留下其他人幫他付費，說好一起送生日禮物給其他同事，自告奮勇算他一份，等到欲收取分攤之費用時卻拋出千百種理由，鈔票始終無法由口袋掏出來。身為部門小小主管，得知小妹假期出國購物，總是要求幫他帶點什麼回來，拿了這些物品後卻當成小妹進貢的禮品一點也不害臊。小妹當然吭也不敢吭一聲，只能摸著鼻子默默走開認了。這位表面風光的同事後來因為公務的關係鋌而走險向廠商索取大筆回扣，東窗事發鋃鐺入獄，璀璨人生終究劃下句點。

　　有慳貪心理的人，立即會被智慧高、定力深的人一眼看穿，當然我同事的例子是不需大費周章，一般人都可以看穿的。許多層出不窮的社會詐騙事件也是基於貪的心理

幫助你財運亨通的神佛　Chapter 3

讓人不勝唏噓。人有了慳貪後下一步便是喜歡聚積，有了還想要，多了想要更多，這也違背求財求神的道理，真正的求財便是活用，例如布施出去、幫助貧苦、濟助弱殘…等。

## 心念影響財富最為鉅大

在這裡還是要重申一次，求財和心念有極大關聯，如果各方面具足了，心念卻不正確仍舊徒勞無功。什麼是正確的心念？《金剛經》中最重要的四句偈道盡了一切宇宙規則：「一切有為法，如夢幻泡影，如露亦如電，應作如是觀！」也就是說我們所遭遇、經歷的每件事都是「中性的」或「空的」，無論我們從事件中或物質中獲得愉悅或厭煩的感受，那感受並非來自事件或物質本身，更進一步說，那些感受來自我們本身，而且非我們所能控制。因此，財富本身不會有愉悅的感受，是我們賦予的感受，這感受不是真實的，「它」將隨著各種情境被消耗、被轉變，最後也有可能陷入更加痛苦的境界，猶如毒蛇猛獸……，最後回顧這原來是一場空。

有了這樣的信念後便能讓財富「安住」於正軌中，既然「擁有」是個壞主意，那麼就開放心胸讓它「滾動」起來，「為小我而富」變成「為眾生而富」，在個人的點

擴及到社會的面，以這樣的觀念來修持才可達到最終的目標。

# 3-1-1 藥師佛修持方式

所謂修持主要是修正自己的行為，而修正自己的行為最準確且保險的方式便是每天都有個固定的儀式，講到儀式好像會令人肅然起敬，然後退避三舍，其實沒這麼嚴重，況且，為了要達到最終目標──獲得財富，做這些功課其實不為過。

有人會說，我生活忙碌，這些每天的功課讓我喘不過氣來，其實每天有30分鐘時間做這些功課便足咦！修持不是一次做大量功課，而是需要持續不間斷的行為，這樣的效果遠比兩天捕魚三天曬網的行為大的多。

接下來，我們以上一章節提到的每日可以在家做的功課為藍本，導入修持藥師佛的內容。如果允許，家中可以準備個小供桌，主要是讓修行有一個固定的皈依，如果不允許，也要安排一個固定的場所，大約一坪的場所提供坐著或打坐之用。無論有沒有供桌，要準備藥師佛的形象，一般是裝框的形象（一般是三寶佛擺在一起的形象），當然如果有形塑的雕像最好，這時就一定要有個供桌擺放藥

師佛。至於一般人說的開光即是避免邪靈入侵,讓正神安住的儀式,若以佛教的觀點,佛菩薩的感應無所不在,不一定非開光不可,聖像主要是讓我們有可以隨像禮敬、供養和恭敬的對象,最重要的是內心的信心與虔敬誠心,因此對於方位的選擇也不一定非得有一定的位置不可,只要明亮乾淨的場所皆可,但最好佛像背後不要臨窗,而是面對窗戶,讓陽光充足。也不要讓佛像面對廁所或臥床。有人原本家中已擺設其他祖先牌位或神明,這是否有衝突,其實這些神明依舊可以擺放,不只沒有衝突,還能讓藥師佛庇佑這些神明,讓家裡更美滿和諧。

簡單佛桌擺設

供桌上以盡量簡單為主，除了藥師佛外如果還要擺放其他尊神像（例如後篇即將介紹的大梵天王與大黑天神）是否可以，當然是可以的，只是佛像或雕像還是有順位大小之分，不可能讓藥師佛小小的，而大黑天神大大的，基本上藥師佛最大，大梵天王或大黑天神次要。而大黑天神與大梵天王大小可以相當，或者大黑天神稍微大一些。

每日可以在家做的功課

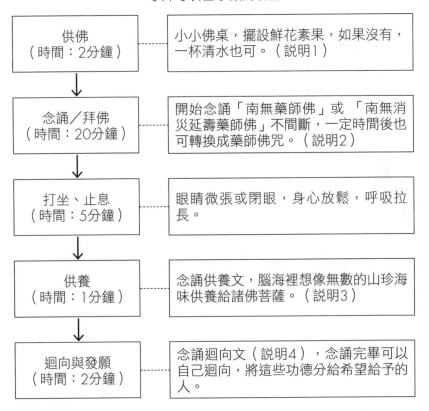

| 供佛<br>（時間：2分鐘） | ┄┄ | 小小佛桌，擺設鮮花素果，如果沒有，一杯清水也可。（說明1） |
| 念誦／拜佛<br>（時間：20分鐘） | ┄┄ | 開始念誦「南無藥師佛」或「南無消災延壽藥師佛」不間斷，一定時間後也可轉換成藥師佛咒。（說明2） |
| 打坐、止息<br>（時間：5分鐘） | ┄┄ | 眼睛微張或閉眼，身心放鬆，呼吸拉長。 |
| 供養<br>（時間：1分鐘） | ┄┄ | 念誦供養文，腦海裡想像無數的山珍海味供養給諸佛菩薩。（說明3） |
| 迴向與發願<br>（時間：2分鐘） | ┄┄ | 念誦迴向文（說明4），念誦完畢可以自己迴向，將這些功德分給希望給予的人。 |

【説明1】

在家裡供佛首重誠心，基本上一杯水可以代表自己的心意，但即使是一杯水也最好每天換，淨空法師說的真好，想像供佛就像供自己的父母就對了，用對父母的孝心來對待諸佛菩薩，這樣的態度最正確，因此，有了這個觀念後，對佛就會恭敬。在家裡雖然不至於三餐都如實供上來，但最好是買了好的食物水果，拿回家中第一件事便是拿到佛桌上供上去，對待父母不也是如此嗎？隨時保持這樣的心態，其實供佛一點也不難，而且這些食物最後還是落到我們的肚子裡。

如果心有餘力，有時可以比照大道場的供養，一般道場常看到的供養物有：香、花束、燈、水、果、茶、食物、寶石、珠寶、衣裳，這些都是可以加減供養的，但如果心力物力上無法配合，至少水的供養仍必須持續，以顯自己的虔敬心。

## 【説明2】

藥師佛咒（漢傳）如下：

| 內容 | 説明 |
|---|---|
| 藥師咒介紹 | 藥師咒是藥師佛的心，念了藥師咒等於體解藥師佛的心，隨著藥師佛的願力行大智慧，拯度眾生。 |
| 藥師心咒 | **南無　薄伽伐帝　鞞（ㄆㄧˊ）沙\*社窶（ㄐㄩˋ）嚕薛（ㄅㄧ）琉璃**<br>**薄喇婆 喝囉（ㄌㄚˋ）社耶怛（ㄅㄚˊ）他揭多耶 阿囉（ㄌㄚˋ）喝帝 三藐三勃陀耶 怛（ㄅㄚˊ）姪他（ㄊㄨㄛ）唵（ㄢ）鞞（ㄆㄧˊ）沙逝 鞞（ㄆㄧˊ）沙逝 鞞（ㄆㄧˊ）沙社 三沒（ㄇㄛˋ）揭帝 莎訶** |
| 咒語意義 | **南無**：禮敬、歸命之意；<br>**薄伽伐帝**→是世尊；佛陀<br>**南謨 薄伽伐帝**→合起來是：禮敬世尊；佛陀。<br>**鞞沙社**→是藥；<br>**窶嚕**→是師；<br>**薛琉璃**→常簡稱為琉璃；青色寶藏；<br>**薄喇婆**→是光；<br>**喝囉社也**→是王；<br>**鞞殺社　窶嚕　薛琉璃　薄喇婆　喝囉社也**→合起來是：藥師琉璃光王。<br>**怛他揭多耶**→是如來；<br>**阿囉喝帝**→應供，應受到尊敬、供養之意。<br>**三藐三勃陀耶**→為正等覺、正等覺者、正徧知之意，佛的稱號之一。 |

| 內容 | 說明 |
|---|---|
| 咒語意義 | **怛他揭多也　阿囉喝帝　三藐三勃陀耶→**合起來是：如來、應供、正等覺，為常見的如來其中三種稱號。<br>**怛姪他→**意思是：即説咒曰<br>**唵→**是咒語中心內容常見的起始句。唵字總攝四智菩提，清淨法界一切佛果完滿功德，掃盡一切染著，所以一切經咒，皆冠以唵字。<br>**鞞沙逝→**藥之意；<br>**鞞沙逝→**藥之意；<br>**鞞沙社→**藥之意；<br>**三沒揭帝→**產生了；普度。<br>**莎訶→**速即成就；成就圓滿。 |
| 簡單修持方法 | 每日念誦消災延壽藥師佛或藥師琉璃光如來或此咒數遍至千遍。<br>若有時間，每日至每週至少念誦藥師琉璃光如來本願功德經一次。<br>可準備沒有喝過的礦泉水或瓶裝水，擺在佛像前，念誦完佛號後，祈求此水化為藥師咒水，可以隨身攜帶或分給親友，特別是身體微恙的朋友，在其飲水機或茶壺中每天加入一點藥師咒水，整壺水即變成藥師水，喝了可讓病痛消除，身體逐漸康復。 |
| 咒語效用 | 這個咒語是藥師佛留給世間人持誦的方便法門，具有大力量，許多人至誠持誦皆有感應。南懷瑾居士説，如果至誠持滿一百萬遍，效力很大，用乾淨的淨杯盛裝蒸餾水，然後蓋好，有需要時倒出來加開水，喝了可以醫治病人，但是要至誠去修持才行。 |

註：一般中文的翻譯都寫成殺，對於不明白的人好像有點忌諱，事實上既然為直翻，翻音不翻意，我將「殺」字改為「沙」，較符合咱們華人的習俗。

## 藥師佛咒（藏傳）如下：

| 內容 | 說明 |
|---|---|
| 藥師心咒 | 爹雅他　唵　貝勘傑　貝勘傑　瑪哈　貝勘傑　拉雜　薩穆嘎喋　梭哈 |
| 咒語意義 | 爹雅他：即說咒曰的意思<br>唵：很多咒語的開頭語，表示極度讚揚、神聖的誓言。<br>貝勘傑：藥<br>貝勘傑：藥<br>瑪哈：「大」的意思<br>貝勘傑：藥<br>拉雜：大「王」的意思<br>薩穆嘎喋：和「三沒揭帝」相同意義，意即「成就功德」。<br>梭哈：成就圓滿。 |

說明：

藏傳藥師咒和漢傳藥師咒有什麼不同？

如果仔細觀察，藏傳藥師咒幾乎是漢傳藥師咒的最後一段，只是發音稍有不同：

| 怛姪他 | 唵 | 鞞沙逝 | 鞞沙逝 | 鞞沙社 | | 三沒揭帝 | 莎訶 |
|---|---|---|---|---|---|---|---|
| ‖ | ‖ | ‖ | ‖ | ‖ | | ‖ | ‖ |
| 爹雅他 | 唵 | 貝勘傑 | 貝勘傑 瑪哈 | 貝勘傑 | 拉雜 | 薩穆嘎喋 | 梭哈 |

因此，藏傳和漢傳的藥師咒基本上沒有差別，端看個人感應的程度。

【說明3】

供養時除了唸誦之外，心中需要一邊觀想，如果可以，可以結上手印，更呈顯供養的殊勝偉大。

**供養詞**

須彌四洲並日月、化諸珍寶供養佛、種種莊嚴諸功德、願共眾生證菩提

供養手印

| 結印 | 齊眉 | 化開 |

【說明4】

迴向是念佛中不可或缺的一塊，主要的意義是讓自己所修的一切善事或功德除了獲得來世的人天福報外，也迴轉向西方極樂世界，得到究竟成佛的果報。如果沒有做就好像吃了飯，但這些飯菜在肚子裡沒有消化一樣，因此，迴向可以使事情圓滿達成，也讓人獲得利益。

## 迴向文

願以此功德 莊嚴佛淨土 上報四重恩 下濟三途苦

若有見聞者 悉發菩提心 盡此一報身 同生極樂國

以上是標準的制式迴向文，若可以，更可以念以下迴向文，更殊勝圓滿。

願以此功德迴向多生現世父母師長、知識檀越、法俗眷屬、怨親債主，乃至四恩三有、法界一切眾生，現在者業障消除，災難消除，皈依三寶，念佛求生淨土，過去者離苦得樂，往生西方極樂世界。

通常大眾一起精進用功時，做完功課一起迴向時必會念以上迴向文，結束後可以自己迴向，根據自己想要跟諸佛菩薩求的在內心至心祈禱。例如：

願以此功德，迴向給我的母親，希望她的腳痛快點痊癒，也迴向給我的小孩，希望他學業進步……。

此外，我們除了迴向給自己的親朋好友外，別忘了也要迴向給廣大的無形眾生，這些都是我們過去世的親朋好友，有的成為俗稱的怨親債主，讓他們「離苦得樂」特別重要，只要至誠所念，他們就會得到利益。

　　幫助你財運亨通的神佛　Chapter 3

## 發願

　　發願是什麼？是鞭策自己的力量，一步步達成目標，而這目標不只是為自己，也是為了大眾的福祉。而發願和許願是不同的，許願是將希望寄託在神佛的外力保佑，依靠這些隱性的力量幫助自己實現願望，但如果含糊不清，往往變成迷信。

　　修福如果沒有發善願，就會造成業障，例如做了許多好事，來世除了得人身之外，還享受許多榮華富貴，因為沒有發善願，不只沒有幫助其他人，還利用這些榮華富貴揮霍生命，間接造了許多惡業，因此，發願等於是讓自己的目標明確，同時不落入惡業的輪迴之中。

　　舉個例子：老師對二位學生說，你們要如何在這次的科學競試中過關呢？第一位學生說：我一定會努力的。第二位學生說：我會利用課餘時間到圖書館找相關的資料，遇到不會的問題就問老師，也會利用時間到實驗教室做實驗，實際動手操作這些設備，然後獲得實驗數據，以增加臨場經驗。相信對於老師來說，第二位學生較容易獲得老師的青睞。這就是目標明確，才容易達成。

　　聖嚴法師說：「發願是一種把握當下、不計得失的奉獻付出，是一種直下承擔，所以你的心不會老是在衡量自我利益中猶疑掙扎、上下起伏，而是甘願的、平穩的。」

他也說：「所謂的發大願，不是要做大人物、做大事或賺大錢，而是要為他人多設想。為社會、為家庭、為國家、為全體眾生，自己受一點損失沒有關係！」因此發願是很重要的。而且要發大願，要將任何大大小小的功德迴向給法界一切眾生。

「願」最重要的是要實踐它，但說比做還容易，常常有人說了一大堆，卻什麼都沒完成，這叫做「發空願」。如果無法發到像是幫助全世界的眾生那樣的大願，可以先由小的願力發起，不要發不切實際的願，例如：「我要讓全世界的人都脫離貧窮」，這是很難達到的，因為這些因緣都不是自己能夠掌控的。如果先由自己周遭做起，例如：「我要每個月捐出3本書給偏鄉圖書館，讓更多的學生得以獲得閱讀不同書籍的機會。」

此外，一般人的通病是三天打漁，兩天曬網，發了一個宏大的願，但過了兩天便忘得一乾二淨，直到有一天某一事件觸動了心靈才猛然想起自己「好像」發過什麼願，只是此時木已成舟，後悔莫及。如果有這樣的情形，用最笨但也最實在的方法──記下來，放在家中最顯眼的地方，或置於電腦桌面不可刪除區。這都是確保修行的基本原則。

## 沒有經過灌頂，持咒有功效嗎？

在藏傳的咒語中，有許多明文規定需要經過上師的灌頂與加持，持咒才有效果，或者有較強的感應，事實上許多咒語沒有經過灌頂而唸誦還是會有感應的，這是我的經驗談。但如果有機會親近某正信的上師，咒語還是讓其灌頂加持，這樣較如法，功效也較大。

但如果沒有機會親近上師怎麼辦，這時釋迦牟尼慈悲，開了一扇方便法門，根據《大輪金剛陀羅尼經》中說：「誦此咒二十一遍（沐浴、燃香，在佛前長跪），可以成就一切咒法。」也就是說，本來持咒需要經過灌頂，現在只要持大輪金剛陀羅尼咒不需要灌頂即可持誦，唸了這咒語便相當於接受灌頂，也免除了盜法所犯的過錯。

除了持咒外，若能夠加上「金剛輪大菩薩」的手印則更圓滿，手印說明：「兩手內相叉，第二手指置第三指上，左右中指合起來，拇指伸直胸前。」，也可上網站查詢。手結印時，觀想釋迦牟尼佛，持瓶來灌頂，並念南無大輪金剛陀羅尼三遍，然後持誦此陀羅尼21遍。

## 大輪金剛陀羅尼咒：

「南摩司得里牙。提維嘎蘭。打他噶他蘭。嗡。維拉及維拉及。嘛哈佳割拉。乏及里。灑打灑打。灑拉得灑拉

得。德拉一得拉一。維達媽你。三盤家你。得拉嘛底。細達。辮（《一）‧里牙。得蘭。梭哈。」

唸誦此咒最佳時機為上午起床後，或洗完澡身體清淨時唸誦最佳。

## 簡單修持儀軌

原則上如果時間不夠，直接唸誦藥師佛或藥師咒即可，但如果時間長一點，可以更如法一些，將念佛儀軌走一遍會更好。以下是簡單的修持儀軌：

（1）禮敬三寶

南無常住十方佛、南無常住十方法、南無常住十方僧

（2）變億咒（3遍或7遍）

唵 三拔惹 三拔惹 波瑪納薩惹 嘛哈藏巴巴吽 帕得梭哈

（3）淨法界 護身咒 （各3遍或7遍）

嗡 覽姆（Om Lam）

嗡 吸林姆（Om shilim）

嗡 勃魯姆（Om bulum）

嗡 僕刊姆（Om bucam）

（4）開始念誦藥師經（咒）

（5）補闕真言（3遍或7遍）

嗡 虎嚧虎嚧 佳牙穆契（丂せ） 梭哈

（6）供養

須彌四洲並日月 化諸珍寶供養佛 種種莊嚴諸功
德 願共眾生證菩提

（7）迴向

願以此功德 莊嚴佛淨土 上報四重恩 下濟三途
苦

若有見聞者 悉發菩提心 盡此一報身 同生極樂
國


願以此功德迴向 多生現世父母師長 知識檀越 法
俗眷屬 冤親債主 乃至四恩三有 法界一切眾生
現在者業障消除 災難消除 皈依三寶 念佛求生
淨土 過去者離苦得樂 往生西方極樂世界

（8）各自迴向

在世親友：

願以此功德迴向 ＿＿＿＿＿＿＿＿＿ 及其冤親債
主 願業障消除

身體健康福慧增長 冤親債主離苦得樂 往生西方
極樂世界

過世親友：

願以此功德迴向 ＿＿＿＿＿＿＿＿ 及其冤親債
主 願業障消除

冤親債主離苦得樂 往生西方極樂世界

（9）迴向咒

唵 司嘛拉 司嘛拉 維嘛拿 灑拉 嘛哈 佳割拉發
吽

幫助你財運亨通的神佛 Chapter 3

# 3-2
# 大黑天神緣起

　　一般人對大黑天神的認識不多，之前我也從未接觸這尊神，和大黑天神結緣是有次至埔里正醒禪苑禪修，在禪修之餘至一樓大殿禮佛，在這些我所熟悉的神佛菩薩及諸天護法之間，供奉在前方一個角落竟看見一尊可愛至極，全身黝黑，身材微胖，大約60公分高的佛像，遠看我以為

是一尊彌勒佛，但這尊神手上拿的腳下踩的都不是彌勒佛的形象，這尊神整臉笑嘻嘻，右手高舉一把鎚子，左手扛著一大袋的布袋垂及腰部，右腳又踩著一圓鼓鼓的大包，好像一大袋的金子。而驚奇的是，廟方除了以水果當供品外，在桌旁還擺了一瓶葡萄酒，莫非這神有喝酒？種種的疑問引發我的好奇心，仔細一瞧，這尊神像的後方果然貼了一張《佛說摩訶迦羅大黑天神經》，內容如下：

爾時，如來告大眾言。今此大會中，有大菩薩，名曰「大福德自在圓滿菩薩」，此菩薩往昔，成等正覺，號大摩尼珠王如來。今以自在業力故，來娑婆世界，顯大黑天神，是大菩薩大會中，即起座，合掌白佛言：我於一切貧窮無福眾生，為與大福德，今現優婆塞形，眷屬七母女天，三界遊現，欲與一切眾生福德，唯願世尊，為我說大福德圓滿陀羅尼。爾時，世尊開貌含笑，說咒曰：

曩謨三曼多。沒馱喃。唵。摩訶迦羅耶。娑婆訶。

爾時，世尊告大眾言：此天神咒，過去無量諸佛出世不說。若未來惡世中，有諸貧窮人，聞此陀羅尼名者，當知是人，降大摩尼寶珠，湧出無量珍寶。爾時，大黑天神白佛言：若有末法中眾生，持此咒者，我體若五尺，若三尺，若五寸，刻其形象，安置伽藍，若崇敬家內，我遣七母女天眷屬，八萬四千人福德神，遊行十方，每日供養

幫助你財運亨通的神佛 Chapter 3

一千人。若我所說有虛妄者，永墮惡趣，不還本覺。若又以種種珍果、美酒等供養者，將降甘露，時一切大眾，皆大歡喜，信受奉行，作禮而去。

　　果然沒錯，連釋迦摩尼佛也講經說法來讚嘆大黑天神，禪修這幾天的時間，只要有空我便去頂禮禮拜大黑天神，他的笑容真實而自然，好像對著自己笑。回到家中，查了許多資料，大致如下：

　　大黑天神為佛教的護法神（事實上早已成佛），在密教和顯教皆有供奉，在密教為專治疾病的醫神，另外一種說法，大黑天神為戰神，是毘盧遮那佛降魔時呈現出的憤怒相，稱為瑪哈嘎啦，有六臂、四臂及二臂三種形象，手中有六種骨頭做成的飾品，代表身形六度，有斬斷執著之意思。在密宗的大黑天神有一個傳說，早期有個族群專門吃人，就是所謂的食人族，大黑天神為了引導該族人皈依佛教，並且不再吃人，冒險混入食人族，跟食人族一起比賽誰吃的人肉及人腿多，等到跟這些食人族都混熟後，就教導他們唸咒，每次吃人肉時都要念這咒，漸漸地這些食人族生起慈悲心，便不再吃人肉，然後皈依佛法。

　　龍德法師說過：大黑天神是證佛法身的佛，體性阿彌陀佛，也就是說法身是阿彌陀佛，報身是觀世音菩薩，化

身蓮花生大士，祂是普賢王如來所示現的。

在顯教的大黑天神就像我所看到的這一尊，豐盈可愛，是財富之神，在日本尤其興盛，為日本七福神之一，手持的木槌原來是個金槌，只要一敲，便有大量金銀財寶從天而降，左手拿的大袋子裡也裝有數不盡的金銀財寶，腳踩的米袋裡有大量的五穀豐糧，全都是要給眾生取用的。也有人視大黑天神為食神，掌管廚房裡的一切，可變幻出佳餚美食，因此有此一說大黑天神可供奉於廚房裡。此外，大黑天神在唐密是以慈悲居士法相見於世人，而在藏密則顯威猛的忿怒相，雖異形但同體，都是佛菩薩為救渡苦難眾生示現的方便法相。另外大黑天過去還有一個名字叫做大福德自在圓滿菩薩，其大願為「予以貧苦者財富」，其「摩尼寶珠」能湧出無量無盡的財寶。另外，有此一說，「招財貓」也是由大黑天神演變而來！

## 大黑天神的願力無比大

大黑天神的願力就是要讓眾生獲得豐富的盈寶，因此時時可以唸以上的咒語，同時心想著大黑天神降下了大量的珍寶給普羅大眾，千萬不要只想著降給自己，只讓自己得珍寶，這樣的想法是不符合大黑天神的願力，唯有想著所有大眾同時得利才有機會讓自己富有。在密教修持

幫助你財運亨通的神佛　Chapter 3

財神法的理論是，先修「有」，讓自己變的富有，再修「無」，對於自己擁有的東西，不再計較，將自己的東西盡量布施，就能夠擁有最大的財富，這也是大黑天神的願力。如果有人修大黑天神卻一毛不拔，此法肯定會修失敗。

如果想像獲得一筆財富，要發一個願，但仍需以為大眾謀求福利為主，例如發起公益活動，或捐款公益單位，甚至，如果很有決心，也願意做大事，發金額很大的願，例如蓋學校、育幼院、寺廟或教堂……等，如此的大願，相對的也不容易如願，但還是可以試試，這好像是做生意，神明看的是自己的決心，如果沒有決心最好不要發這樣的願，天神永遠都能知道人們是否有心。

有個方式提供參考，確認天神是否幫忙自己所發的願力，可以跟大黑天神說明自己的願力，例如：想要獲得一筆錢用來幫助地震無家可歸的難民。這筆錢的數目龐大，想要確定是否獲得天神首肯，也想要知道如何獲得這筆錢，可以請求天神進入自己的夢鄉，一開始或許沒有夢，但不要氣餒，還是持續請求讓天神進入夢鄉，或許夢的內容跟天神無關或是無正相關，一次次的請求會逐漸產生相應，記住，若只夢到一兩次還不算，若連續夢超過一星期，就是真正的天神，天神一定會在夢中指示該怎麼做，

這畢竟不是一點小數目啊！其實天神不是在意給眾生多少錢，而是眾生有沒有本事和大願力完成助人的事業。

有朋友篤信大黑天神，很想蓋一座大黑天神廟，讓信眾朝拜供養，這樣的信心讓他當晚先做了一個夢，這個夢雖然沒有天神出現，卻出現一位年約60幾歲的老先生，擁有一艘遊艇（但他卻在船尾搖著槳），載著一群人漫遊江上，細數風光美景，船到一處碼頭早已萬頭鑽動，眾人見他紛紛向他打招呼，原來他是這場宴會的主人，為人海派卻謙虛，並常做公益，鏡頭一轉，看到火車站附近一間餐廳某個宴會裡，也是由他宴客，賓主盡歡。後來又換了一幕，這位大善人已經過世，千萬人來送行，所有財富最終只留下德行帶進棺材，受人景仰。這個朋友相信總有一天因緣成熟，大黑天神終究會成就他的願力。

每個人都有雜念，日有所思夜有所夢，有時候夢境不一定和大黑天神有所連結，因此需要紀錄每一次的夢境，再加以篩選，慢慢連結出意境。上述的夢境雖然與求得財富無關，但也是暗示我真正的財富是存在於心靈中無誤，心中的滿足勝於一切。

## 大黑天神的啟示

大黑天神幫助人們獲得財富並非平白無故變出錢來，

　　　　　　　幫助你財運亨通的神佛　Chapter 3

而是運用其神通力量讓施者以歡喜心供養出來，再由受者歡喜領受，這是個很微妙的過程，藉由某種力量流動，讓至心祈求的人獲得財富。

在我的經驗裡，修持大黑天神後幾乎都會帶來大大小小的財富，有的上師說「一年一小發，三年一大發！」但有時一段時間卻又完全沒有進帳，做生意或業務的人士最為明顯，為何會這樣呢？這時就要注意布施的重要性，布施不是一次性，而是持續性，許多人不明白此道理，以為賺了錢就布施，不賺錢就不布施，如此的態度無法和大黑天神相印，而布施不在於多寡，而是自己一顆心，時時保持清淨、慈悲、利他，隨喜的功德最為殊勝，例如看到路上紙屑撿起來；看到有人車子推不動，幫他一起推，這都是舉手之勞可以做的事。龍德仁波切講過一則救蝦子得工作的故事。有位年輕人想要應徵一份工作，好不容易得到某家大公司面試的機會，這個職務待遇優渥，有相當多人應徵，因此錄取的機會可說微乎其微，面試當天請朋友載他到該公司，時間約好下午2：30，兩人約2：10到達，就在準備進公司時，有輛滿載著蝦子的車輛路過，車上跳出一隻活蹦亂跳的蝦子，這人見狀趕緊將蝦子拾起來，他告訴朋友快載他去河邊將蝦子放生，但這朋友不同意，認為面試時間快到了，自己的工作重要，不要在意這小蝦子

的生死，但這人認為小生命重要，於是三步併兩步小跑步將這蝦子帶至很遠的河邊放掉。回到公司時面試時間早已經過，這人還是前往說明，希望有面試的機會，就在櫃台小姐說明時間已過不再面試時，裡頭負責面試的經理走出來，說：「進來吧！剛剛你救蝦子的行徑我透過落地窗都已經看到……我知道你遲到的原因了！這工作是你的了！」

## 大黑天神的自在神通

　　大黑天神除了是財神，也是戰神，為何會同時示現，這兩者有什麼關聯？事實上，這有很大的關聯。大黑天神看到的人是全面性的，除了看到了這人這世的福禍吉凶外，也知曉這人的宿世業緣，許多人有諸多不順都是被魔障所擾，連釋迦牟尼佛當時在樹下修行時也是請大黑天神保護，免受干擾，也就是說在人世間不同空間還有無數的魔神、夜叉、魑魅魍魎無時在干擾著我們，因此大黑天神只要幫助人們消除這些魔障，人們的生活就會順遂，事業也會順利，這是大黑天神的慈悲，貫通宿世來幫助人們真正脫離苦難，獲得這世的平安富足。

　　大黑天神最初會滿足人們物質生活的需求，然後漸漸提升人們的精神世界，這才是真解脫與真自在。大黑天

神給我的啟示除了在物質上獲得了滿足外，其實最可貴的是，學會了更超脫的胸懷看世界，知道什麼才是真富足。真正的富足是包括生理與心理上的，而心理還比生理更重要，對於這世間只是充斥著物質富足的追求，物慾橫流的嚮往抱以悲憫的心情，這不是說說，如果人們多一點點心靈的沉澱相信世間會更美好，相信大黑天神要拯救的不是只有人的物質需求，對於心理的滿足更是奮力不懈的。

# 3-2-1 大黑天神修持方式

家中供養大黑天神有一定的方式與儀軌，建議去正信的寺廟請一尊，正信的寺廟會教授這些方式，以下先提供簡單的方式：

（1）念誦：

南無本師釋迦牟尼佛（三稱）

南無三曼多。沒馱喃。唵。摩訶迦羅耶。娑婆訶。

（梵語：南無三曼多。沒馱喃。嗡　瑪哈嘎喇耶　梭哈！）

或是心咒：

唵　摩訶迦羅耶。娑婆訶。

（梵語：嗡　瑪哈嘎喇　耶　梭哈！）

### （2）供珍果、美酒

佛經上記載應供養大黑天神珍果與美酒，因此除了水果外，可以在家裡供葡萄酒，每天酌一小杯置於大黑天神像前。如果可以，也可以供一些小甜點，例如餅乾、紅豆、牛奶、濃茶（紅茶）、甜點、水果、巧克力等供養。供養後的供品可以家人一起吃掉。

如果家中有大黑天神塑像，常常在祂面前祈求，如果剛好要談一筆生意或是辦重要的事情，可以一邊念誦天神咒語一邊想像大黑天神在自己面前以光加持自身，此光灑滿全身。

### （3）觀想大黑天神

口中默念咒語，心中默想大黑天神到家裡來走一遭，讓家裡的一切都變得光彩無比，這是種啟動大腦細胞的機制，讓這畫面隨著咒語的進行轉動起來，大黑天出現了讓自己信心倍增，尤其對於有才華的人，讓自己的才華發揮，要經常觀想這個畫面。每個人都有願望，不論願望大小，都在腦中好好呈現出這畫面，中樂透頭彩號碼（這應

幫助你財運亨通的神佛

該很多人都想過）；接到1000萬元的案子，金榜題名……
等，都是可以經過腦中畫面不斷釋放出來，信念越大，越
容易成功。

## 大黑天神修行方式（金剛乘簡易版）

南無本師釋迦摩尼佛　　南無本師釋迦摩尼佛
南無本師釋迦摩尼佛
南無觀世音菩薩摩訶薩　　南無觀世音菩薩摩訶薩
南無觀世音菩薩摩訶薩


三皈依
皈依佛 皈依法 皈依僧
皈依佛　兩足尊 皈依法 離欲尊 皈依僧　眾中尊
皈依佛竟 皈依法竟 皈依僧竟


淨三業箴言
南無　薩拔　答他尬他耶　嗡　娑拔婆拔　撒德哈　娑
拔 達摩 娑拔婆拔 撒德哈　漢　娑婆呵

## 安土地箴言

南摩三滿多。莫多喃。嗡。度魯度魯。地尾梭哈

## 普供養箴言

南無 薩拔 答他尬他耶 嗡 誐誐囊 三婆嚩 拔日
羅 斛 娑婆呵

## 開經偈

無上甚深微妙法　百千萬劫難遭遇
我今見聞得受持　願解如來真實義

## 大黑天讚偈

殊勝迦羅大黑天，七形聖主最為先。
內融佛性仁慈智，外現神威勇猛權。
身遍太虛和所際，心包法界廣無邊。
利生除疫洪恩德，赫赫毫光遍大千。

## 召請大黑天神

南無三曼多。沒馱喃。唵。摩訶迦羅耶。娑婆訶。
（梵語：南無三曼多。沒馱喃。嗡 瑪哈嘎喇 耶 梭
哈！）
（至少108遍，至無數聲）

幫助你財運亨通的神佛　Chapter 3

次大黑天

唵 蜜止蜜止 舍婆隸 多羅羯帝 娑婆呵 唵 摩訶 迦羅耶
娑婆呵

（祈請 降伏 降伏 自在 樂苦遠離 救渡 啟請 大黑天神
是所祈求）

大黑天神後讚

先請眾生短命無福，祀此天神延命得福。

此天神力無量難說，世間有緣與無緣間。

化導眾生和光出泥，現世與不可說福壽。

發五願度脫人生死，來世便得無上菩提。

# 大梵天王（四面佛）緣起

　　一般人認為四面佛源自於泰國，事實上在經典的記載中，四面佛其實並非佛，在佛教或印度教稱為大梵天王，因為形象很像佛像，莊嚴而且身上戴有許多法器，又能滿足許多人的願望，因此被稱作四面佛。

　　　　　　　　　　　　　　　　幫助你財運亨通的神佛

在一段古籍的紀載中，大梵天王與釋迦牟尼的因緣。

三千多年前的印度摩竭陀國，釋迦牟尼佛於菩提樹下初成道時，思惟五濁惡世眾生迷惑顛倒，難以教化，久住世間，實對眾生無益處，而欲入無餘涅槃。當時，大梵天王知道佛陀的想法，即前往面見佛陀，恭敬禮拜、長跪合掌，勸請佛陀慈悲住世，大轉法輪。佛陀告訴大梵天王：「一切眾生皆為塵垢染汙，貪著世間欲樂，蒙蔽了清明智慧。若住世說法，皆是徒勞無功，不如速入涅槃。」

大梵天王聞佛所說，再次禮拜懇請：「佛陀！現今法海已滿、法幢已立，化導眾生的時節因緣已經成熟，能夠蒙佛救度的眾生亦非常多，世尊怎能選擇入滅，令眾生錯失得度因緣呢？而且，您過去無數劫以來，發無上菩提心，為眾生廣集法藥，乃至為求一偈，捨卻自身、妻兒性命，如今為何不顧念眾生而欲自入涅槃？」

然後，大梵天王見機不可失，又一一提起過去好幾世佛陀為眾生求法及為了救渡眾生的各項事蹟，漸漸軟化了佛陀的心。由於大梵天王的勸請，佛陀便前往波羅奈國鹿野苑中說四諦法，化導眾生。至此，佛陀、四諦法、五比丘一時俱有，佛法僧三寶終於出現於世。

大梵天王為了廣大的眾生而請命，顯見大梵天王雖不是佛，對凡夫來說，已有和佛一樣的氣度與勇氣。常律

法師也曾經說過：「我們眾生都欠大梵天王一份很大的人情，如果沒有大梵天王，或許佛陀就不會常住世間為眾生說法，佛教也不會流傳下來，這是多麼大的損失，因此，要感謝大梵天王為眾生請命，現在我們才得以獲得這樣珍貴的寶藏！」

　　而佛陀介紹大梵天王是這樣的：

| | | | |
|---|---|---|---|
| 往昔有群賊 | 劫掠壞聚落 | 剝脫繫縛人 | 大取於財物 |
| 汝當於爾時 | 甚有大勇力 | 救解於諸人 | 然復不加害 |
| 尋共彼諸人 | 一劫中修善 | 慈仁好惠施 | 復能持戒行 |
| 汝於睡及寤 | 宜憶本所行 | 又有人乘船 | 於彼恒河中 |
| 惡龍提船人 | 盡欲加毒害 | 汝時為神仙 | 救濟於彼命 |
| 此汝昔日時 | 修戒之所致 | | |

　　過去盜賊群起，四處作亂，許多人民都飽受搶奪、強盜、綑綁的迫害，許多聚落城市也都遭到毀壞的命運，大梵天王在那一世是一位很有勇氣的英雄，不但解救了受到迫害的人民，使他們免於恐懼，還身先士卒帶領他們在長達一劫的時間中修持善業，心懷仁慈，樂善好施，又能修持淨戒，不論是睡是醒，都能憶念自己與天相應的善行。又一世有許多人乘船欲渡恆河，那時有一條惡龍在河中興風作浪，想要毒害船上的人，那時大梵天王是一位有神通

　　　　　幫助你財運亨通的神佛

的仙人，以神通救濟船上的人命，使他們免於恐懼。這些
的善行都是往昔大梵天王修持戒律所獲致的功德。

## 大梵天王（四面佛）住在哪裡？

　　依據佛經紀載，大梵天王所居住的地方為天界，天界
就是這些神仙住的地方，但因為天神各有位階，因此分布
在不同的場域，除了依每位天神的福德偉業分布外，也依
修行層次證得的果位而有空間維度的分別。這些天界總和
共分為三界28天，大梵天王則是在其中的色界天中的初禪
最高天大梵天，讓我們先認識這個基本概念。

三界28天名詞

| | 領域 | 層次 | 天　名 | 備註 |
|---|---|---|---|---|
| 28 | 無色界天 -4天 | | 非想非非想處天（定） | |
| 27 | | | 無所有處天（定） | |
| 26 | | | 識無邊處天（定） | |
| 25 | | | 空無邊處天（定） | |
| 24 | 色界天 -18天 | 四禪 | 色究竟天 | 五淨居天 |
| 23 | | | 善現天 | |
| 22 | | | 善見天 | |
| 21 | | | 無熱天 | |
| 20 | | | 無煩天 | |

| | | | |
|---|---|---|---|
| 19 | | 無想天 | |
| 18 | | 廣果天 | |
| 17 | | 福生天 | |
| 16 | | 無雲天 | |
| 15 | 三禪 | 徧淨天 | |
| 14 | | 無量淨天 | |
| 13 | | 少淨天 | |
| 12 | 二禪 | 光音天 | |
| 11 | | 無量光天 | |
| 10 | | 少光天 | |
| 9 | 初禪 | 大梵天 | （大梵天王居住的地方） |
| 8 | | 梵輔天 | |
| 7 | | 梵眾天 | |
| 6 | 欲界天 -6天 | 他化自在天 | 空居天 |
| 5 | | 化樂天 | |
| 4 | | 兜率天 | |
| 3 | | 夜摩天 | |
| 2 | | 忉利天（33天） | 地居天 |
| 1 | | 四王天 | |

註：這裡特別解釋忉利天，又稱33天，也就是說這裡又分33個境地，但這33個境地並不是一層一層，而是東西南北各8個天，中間還有一個帝釋天，總共33天，以佛教的觀點來說，帝釋天就是玉皇大帝，整個忉利天即是所謂的天宮。

幫助你財運亨通的神佛　Chapter 3

什麼叫欲界呢？欲，就是欲望，也就是說生活在這個層次的神明，欲望特別的強烈，說起欲望身為人界的我們一定不陌生，而且還可以發揮到淋漓盡致。什麼叫欲望呢？佛經裡對欲望的定義是需求，一方面是生理的需求，另一方面是心理上的需求。關於欲望的內容，佛教裡面通常說有五欲，就是對財物需求的財欲，對男女房事需求的色欲，對名譽需求的名欲，對飲食需求的食欲，對睡眠需求的睡欲。佛教對五欲的內容，還有另外一方面的解釋，就是根據人的五種感官需求：色欲，眼睛希望看到好看的顏色；聲欲，耳朵希望聽到好聽的聲音；香欲，鼻子希望嗅到好嗅的氣味；味欲，舌頭希望嘗到可口的味道；觸欲，身子希望感覺到好的感覺。在欲界裡生活的眾生，對五欲都有非常強烈的需求，所以，這個世界就叫欲界。

在所有的欲望當中，有兩種欲望最為強烈，這兩種欲望就是飲食、男女。中國古人就說過「飲食男女，人之大欲存焉」的話，但是其它的欲望也很重要。當然，在現實生活中，人的欲望還是有偏重的：每當人們偏重於哪一方面，哪一方面的欲望就特別的強烈，像有的人偏重於吃，對飲食非常講究，認為吃才是人生最大的快樂，這樣，他的食欲就很強烈。有的人性欲特別強烈，認為性交才是人生最大的快樂；有的人對地位看得很重，認為得到了名

譽，有了地位才是最重要的；有的人偏重於睡欲，他覺得只有睡眠才是最開心的時候。所以，欲望的強烈程度因人而異，但不管怎麼說，人類都生活在強烈的欲望中，很難擺脫欲望的左右。這是欲界眾生的特點。

　　而在三界中，欲界就有六道眾生的差別。欲界眾生的共同特點，就是生活在欲望中。但是，每一道眾生的欲望又有所不同，從人間到他化自在天，越往上的層次，欲望的強烈程度也就越來越淡薄。現在舉一個例子來說明，就以淫欲為例吧！六欲天上的天人和人間的人對性欲的發洩和滿足程度是不一樣的，人世間的人跟四天王天、忉利天上的天人在行淫欲的時候，其形式完全一樣；而夜摩天的天人的淫欲就比較淡一些，他們只要擁抱在一起，淫欲就會得到滿足了；到了兜率天的天人，在行淫欲的時候，只要拉一把手，淫欲就會得到滿足；化樂天的天人，在行淫欲的時候，就更簡單了，彼此見面的時候只要笑一笑，淫欲就得到了滿足；在他化自在天，這是欲界裡最高的一重天，在這重天上的天人，行淫欲的時候連笑都不用笑，彼此只要看一眼，淫欲就會得到滿足。從中可以看出，在欲界，層次越高，所表現出來的欲望程度就越淡薄。無論如何，欲界裡的六道眾生，仍然沒有離開欲望。

　　什麼叫色界呢？色界的色，不是指顏色的色，也不是

　｜　　　　　　　　　　　幫助你財運亨通的神佛　Chapter 3

指女色的色，而是物質的意思。佛教認為，我們對物質的認識要從兩個方面：一是顯色，即顏色也。一是形色，即形狀也。我們對物質現象的認識，主要通過顏色（顯色）與形狀（形色）這樣的兩個管道，所以，佛教把物質現象叫做色；佛教所說的色界，指的是色界天，在六欲天的上面。色界天比欲界天的生命層次要高，因為欲界天享受的是物欲的快樂，而色界天享受的是禪悅的快樂。前者是物質的，後者則是精神的。

三界中最高一界就是無色界，無色界是純精神生活的世界，它是通過修四種空定：即空無邊處定、識無邊處定、無所有處定、非想非非想處定，獲得的果報。

回到大梵天王所處的色界間，剛剛已經說明色界天大致的狀況，大梵天王乃色界天裡初禪第三天，這環境已經不食人間煙火，因此沒有鼻、舌（味覺）二識，但是還有眼、耳、身、意四識所生起的喜、樂二受，因為持戒的定力，心中常能清淨，已經不像欲界天被諸煩惱困惑著。


## 四面佛的慈悲完全滿足人類需求

### 四面佛是最入世的

雖然四面佛（大梵天王）在佛教的位階中屬於「不食

人間煙火」的特性，但卻是最關心人世的神祇，走進四面佛廟，很明白的寫出為信徒提供祈求的願望就可以看出四面佛是最入世、最貼近廣大市井小民的心靈。四面佛洞悉了人們的需求並給予世俗的滿願，這是多麼善解人意，就像祂的最高精神：慈悲喜捨的願力。

四面佛的四個面代表四種讓人祈求的面向，順時針方向依序為：

正面祈求（功名：官位、職業、學業、事業等）

第二面祈求（姻緣：婚姻、感情、人緣、人際）

第三面祈求（財富：正財、偏財、財祿、俸祿）

第四面祈求（健康：治病、平安、親人健康、家內和諧）

## 四個願望延伸的意義

如果去四面佛寺只有祈求自己私欲也未免太小心眼了，四面佛法力無邊，眾生心量越大越能與其互相感應。我一開始無法理解這個道理，但漸漸的，我試著敞開心胸，走入四面佛寺不再只是祈求自己的事，有時為親人、為朋友求，慢慢地，特定對象也省了，像似「國泰民安、風調雨順」的祝福語，雖然沒有特定對象，但卻是發自內心深層的祝禱，尤其對於現今層出不窮的社會亂象越是需

　　　　　　　　　　　幫助你財運亨通的神佛　Chapter 3

要整體的祝願。

　　或許對於一些傳統佛教人士來說，四面佛讓人民祈求的願望沒有到達真正的究竟，所謂真正的究竟就是死後脫離六道輪迴，以成佛的目標邁進，而四面佛帶給人們的願望不免充滿世俗與銅臭味，有些人甚至嗤之以鼻，當然如果以此思維度量四面佛未免太小看祂了。

　　「以這一世出發」最能說明四面佛簡單的意涵，如果人們過著顛沛流離的生活，每天為了溫飽四處奔走，基本上是無法靜下心來好好修持，更無法進一步產生精神能量，讓生活改變。因此，慈悲的四面佛希望人們在現世生活中獲得物質與精神的富足後，才能進入修持的狀態。但對於許多人來說，誤解了四面佛真正的意涵，獲得物質的滿足後便停止後續的修為，這並非四面佛的本意。

　　原則上如果要至四面佛前求錢財，絕不可能求樂透中獎，除非剛好這人福報已經累積到圓滿，比較洽當的方式是，本身的事業，經過努力後獲得四面佛的加持更加蒸蒸日上，這樣較符合努力奮鬥的原則，不勞而獲是四面佛絕不允許的。但有一種狀況，就是發願，如法的發願。所謂如法的發願是為了利益他人，而不是為了自己，例如希望幫助盲胞，發願添購一些盲胞使用的圖書設備，只要至心祈求，四面佛會讓人滿願的。當然，如果自己身上有病

痛，希望自己病痛消除，也可以藉由四面佛的神力加持盡速恢復健康。

## 四面佛的形象

四面佛手執法器與手印都有其意義：

**令旗**：代表萬能法力

**經書**：代表智慧

**海螺**：代表賜福

**法輪**：代表消災、降魔、滅煩惱

**權杖**：代表至上成就

**水壺**：代表解渴；有求必應

**念珠**：代表輪迴

**手印**：代表保佑、保護

## 對四面佛求財富的正確觀念

基本上，在沒有不勞而獲這個道理的邏輯下，如果要求財富，便必須有無私的觀念，求財富不是為了自己，而是為了幫助他人，做對社會有意義的事情，

然後，耳邊就有個話語傳來：「我求財就是要來享受的，如果要給他人，就不需要費這麼大工夫了啊……」在自身沒有任何資糧的情況下，就算求10000次也不會有任何

成效的。因此如何找到開啟財富的源頭才是當務之急。

## 神想的跟人想的不一樣

　　四面佛的靈驗是那種「他給你種子，你自己去播種」的靈驗法。播種就是有所作為，對眾生有利益的作為。千萬不要將四面佛當成迷信的對象，什麼是迷信的對象呢？假設有人拜四面佛，就認為祂能夠依賴，能夠滿足個人的任何欲望。這種迷信也會瀰漫在生活中，當遇到什麼不順利時，便認為這是天意，遇到瓶頸時，便花錢買認為可以消災解厄的物品，例如水晶、珍珠、水晶洞、琥珀……改變磁場，試想有一種人，很虔誠在四面佛前鞠躬磕頭，心中一想著佛啊請幫忙我，讓我明天就能夠考試過關，中獎100萬，然後娶個嫩妻，但是自己卻完全不願意好好用功讀書、不願意做功德善事、不願意有正常交往關係，就好像要求佛菩薩將飯端到眼前，還要請菩薩直接餵飽自己肚子。又如同跌倒在地上，一直叫著菩薩說：「快來扶我起來，然後直接抱我回家吧！也讓我的傷口立刻痊癒吧！」

　　相反的，神佛只願意幫助付諸行動的人，也就是有積極作為的人。怎樣有積極作為呢？以下的步驟引導你一步步往前行。

## 【步驟】

第一步：

設定很明確的願望，並且設定還願內容：記住，這個願望必須是對公眾有利益，不是只為自己的私利。例如：希望這筆生意可以達成，達成後將捐出獲利20%幫助盲人基金會或植物人基金會。願力越堅固，越容易得到佛菩薩的庇祐。

第二步：

按照既定規劃修行，設定每天的修行時間，若時間忙不一定非得每天都進行，但至少一週三天，每次都20分鐘以上，若有時時間足夠，多念亦無妨。

第三步：

開始實踐各種善行：除了心靈上的修持外，連外在的表現也需要跟著不一樣，總不能「馬照跑，舞照跳！」吧！記住，真正的修行主要是修正自己的行為，本來的暴戾之氣變得溫和柔軟；本來的自利執著之心變的寬廣無私，你將發覺許多事越來越不計較，這就是改變行為的開始。

求財最好不是憑空要財，而是要有努力的過程較可能實現，一個正在進行的案子，和人合夥的生意，或者受雇於公司，也有可能臨時增加業務需要加班而有了額外收入。

## 就像家人一般

一定要拜到像是家人一般，可以將所有內心話告訴四面佛，例如今天要至遠方拜訪客戶，可以跟祂報告，我今天要南下去屏東和客戶談生意，希望一切順利喔！而相對的，有時我也會俏皮的和四面佛的每一尊都打個招呼：「今天如何啊！一直在這裡會不會無聊啊！無聊時可以彼此聊聊天喔！……」

對我來說，每一天好像都與四面佛有新的相印，都有新的感受，雖然都是同一尊，每天卻是不同的眼神，好像在跟我說明不同的故事。以外在來說，每天去這個廟宇，其實都會發現許多之前沒有注意的細節，例如四面佛每一面都有不同，衣飾的紋路、臉部的眼神、眼睛、鼻子、眉毛、甚至耳垂鬢角每天都會有一點點不同，當然這也是每個人每天心境不同，看到的景象便有所不同。

如果到廟宇跟拜佛的對象虛應故事，那麼佛也會跟我們虛應故事。拜完四面佛不要立刻離開，因為寺院有一定的磁場，感受這磁場和自己相印的感覺，一開始大部分的人沒有辦法體會什麼是磁場，這時候建議在固定時間去固定的道場，例如每週二、五下午3：00，或者每週三、六上午10：00，漸漸的越來越熟、越來越知道事情運作流程，但要注意，不要刻意和人攀談，細細品味、思量這道場的

一切細節，感覺就出來了，這就是磁場的概念。所謂磁場不是要這地方來配合我們，而是我們去配合這地方，有人感應很快，有人則比較慢，不要急，不要存有僥倖，即使沒有很快也不要氣餒。

## 拜四面佛的信徒各種面相與迷思

　　每次我躲在廟的角落（不應該用「躲」，但好像滿貼切的），便會看到形形色色的人們來此許願，口中喃喃自語，尤其是拜到第三面佛時，拜得特別用力，時間也花得特別長，喔！原來每個人最在意的還是獲得大筆財富，「有錢萬事足」的心態還是深植人心吧！

　　許多人都說四面佛很靈驗，但是也有很多禁忌，如果求了四面佛就要還願，如果沒有還願就會招致厄運，更帶來災難，這樣的觀念等於是將四面佛視為心存報復的惡魔了，許多有心人士也趁此從中獲利。近來大都市裡開設了許多四面佛參拜中心，看來也不是寺或廟，就一家小小的店面裡頭就供奉起四面佛了，然後幾乎每一個中心都強調這是由正宗泰國四面佛請來的分支，只此一家別無分號，我們才是最正統的，到別家就不是正統的，有被騙之虞。然後搞了一堆祭祀專品，有花圈、大象、小象、七色香,甚至連餅乾糖果都有特製品，然後說明這是四面佛最喜愛的

幫助你財運亨通的神佛　Chapter 3

供品，用了這些供品所求的願便容易達成，如果沒有買這些來祭拜絕對不會靈驗，願望便無法達成，電視上、網路上有更多四面佛的拜法，

還有聽說四面佛喜歡看脫衣舞，因此如果有人還願，建議請個脫衣鋼管女郎，諸多的種種皆不是四面佛正確信仰。

而由於四面佛中心如雨後春筍般冒出來，幾乎已經多到三步一小間，五步一大間的境界，表面看起來這是四面佛大顯神威、普降甘霖的顯現，但因為一般信眾普遍對此信仰充滿偏見，當四面佛未能滿足信徒的願望時遂憤而求去，也導致原本雨後春筍蹦出來的四面佛中心——「倒閉」，我真是擔心這些沒有正信的創辦人發覺無利可圖後，是不是棄之如敝屣，甚至「監禁」起來以為懲戒，這都將種下無可彌補的惡因。

因為之前提到四面佛居住於大梵天，屬於色界初禪天，早已脫離物質的慾望，如果還需要這些物質的享受莫非自討苦吃罷了，好像大人看小孩拼命吃糖果，還爭先恐後搶著每一顆糖，大人只是微微一笑，怎會跟著搶這些糖果呢？

# 3-3-1四面佛修行方式

　　基本上修四面佛主要以誠心為主，有些佛教徒認為四面佛不是真的「佛」而產生分別心，這是傲慢我執的心態。要知道即使是土地公、石頭神、樹神、山神、河神⋯⋯等的功德力仍然比人大百千倍甚至數萬倍，何況是超越欲界，直達色界的大梵天王（四面佛）的功德力更甚於此。有了誠心之後，就要每天持續和四面佛有所聯繫，這裡所指的聯繫，就是心中時時有四面佛，無論內在外顯都確信他時時刻刻保護著我們。

## 供佛方式

　　家中如有佛桌，除了一般的西方三聖或諸大菩薩外，如有空位可容擺設大梵天王法像，則合在一起供奉，但必須注意大梵天王法像供奉之地位，應低過佛陀法像；而且必須另行設有獨立專用之香爐，置在法相之前。如尚有空位，還可擺設一對花瓶。如果佛桌沒有空位可供設法相供奉，則可在佛桌旁邊另設一供桌，擺設物品如下：

　　（1）大梵天王法相一座。

　　（2）佛香七枝。

　　（3）花瓶一對（不同色花朵七枝）。

（4）燭台一對（放置小蠟燭用）。

（5）香爐一個。

（6）置清水一杯。

（7）放置食用米一碗。

供桌之高度應與佛桌最下一層桌面相齊，用布鋪於桌面相齊，用布鋪於桌面再蓋上一層玻璃片，以防火燭，此供桌可放置於佛桌旁邊，桌上擺設上述七項物品，供奉大梵天王。

如果佛桌旁邊沒有空位可供擺設供桌，則應將供桌置於佛室外任何一個適當地點，但均不可置於太接近廁所之牆壁，或將供桌正面對向廁所。在此種情況下，可改用神龕置於較高之處（高度以插香所及為適宜）供奉大梵天王。則桌之高度須在一公尺左右，不可低於坐椅或臥床，有失尊敬。供奉之鮮花枯萎必須立刻更換，一般以白色或紅色蓮花為主，或玫瑰花也可，供壇等之清水須每日更換，或三日更換一次均可，供奉時鮮果一果、三果、五果均可。每次購買水果時先供奉，完畢後才食用。

持咒：

## ·大梵天王佛咒

唵　耕丙土　那騰　奧盆囊，
缽羅嘛　沙哈八帝　那嘛，
哈帝葛擺　婆啊卡哆　本迦八土們　帝朝哇
那摩菩達亞　萬坦囊
西帝吉將　悉帝噶哆，
悉弟噶理亞　喳他噶哆，
悉帝代教　迦堯尼將，
悉帝喇報　尼郎他郎，
沙帕噶芒　八喇悉帝昧，
沙帕悉帝　帕旺土昧。

## ·大梵天王　簡咒（唸三遍）

密達，加倫納
目的達，屋撤加

　　　　　　　　　幫助你財運亨通的神佛　Chapter 3

觀想：

觀想四面佛的四個面，由眉心向四週放出毫光，佈滿大地，萬物生長，欣欣向榮，貧苦者獲得豐衣足食，臥病者疾病消除、身強體健，人人安居樂業、幸福美滿。又觀想四面佛天降金銀財寶，每個人都獲取所需要的財寶，圓滿富足。

回向：

願以此功德，普及十方三世一切眾生，願眾生離苦得樂，災難消除。

## 至四面佛寺拜拜前先準備好許願內容

大部分的人進入廟宇，對於面對神明總是想跟祂許很多願望，但卻又支支嗚嗚，不清不楚，如果能夠事先在家裡擬好許願內容，到了廟宇較不會沒有方向，也不會回到家中才後悔忘記跟四面佛許什麼願。因此，怎麼和四面佛（或其他神佛）祈願真的需要好好練習練習。

例如：至心祈求　大梵天王四面佛，弟子xxx出生於x年x月x日，許願之祈求詞如下：

「弟子○○○謹以萬分至誠向大梵天王奉獻各種祀

品，願　天王聖意順遂，祈望保佑……（求保佑對詳細內容）……如意成功，弟子〇〇〇願奉獻……（說明奉獻物品）以表崇敬之至忱，普願大威神力拯濟一切眾生。」

奉獻祭祀食品時，應祈求如下：「弟子〇〇〇謹奉獻……（還願供品）……予大梵天王，有關前所許願……（詳述許願內容）……蒙神加被予以滿願，謹祝大梵天王普施一切，並接受　弟子〇〇〇還願，保佑弟子〇〇〇平安……（隨後祈求）。」

如所許願望成功，應立即還願。還願時應在大梵天王佛前舉行，無論在何時何地許願，如能供奉大梵天佛場前還願則最佳，以求神祇保佑。

此外，一般人以為三牲素果是最好的祭品，筆者建議不宜再用葷食祭拜四面佛了，此為損德害人之舉。

## Chapter 4

# 其他力量無比的
# 神佛及咒語

人人本具菩薩心，也具有和菩薩同等的精神

與力量。——慈濟功德會創辦人　證嚴法師

佛教界除了以上介紹的這三尊佛與天神外，當然還有許許多多神佛也有大能力，讓人願望皆成，惟每人的感應深淺不同，或許這與宿世因緣有關，在此介紹幾尊神佛與咒語，這都是我不斷唸誦，發覺力量強大，很快有所感應，也的確對生活與事業有極大幫助。

　　這些菩薩與天神分為祈求財富之神祇與除魔之神祇，為什麼要修持除魔的咒語，主要是因為人們常被許多無形的障礙干擾而不自知，導致太多人修行都事倍功半，如果有這些除魔天神護佑，將會讓修持更加順利，達到事半功倍的效果。

　　讀者也可以上youtube網站，鍵入這些心咒，仔細聆聽，跟著反覆唸誦，漸漸地會晤出一些感想，然後也會發覺它正在改變自己的生活，甚至觀念，朝向更健康更正面的方向前進，但切記不可心急，只唸個幾次或幾天就想有所感應，或是馬上賺到大錢，這都是不正確的心態。

【六字大明咒 （觀世音菩薩心咒）】

| 內容 | 說明 |
|---|---|
| 六字大明咒介紹 | 又稱：萬咒之王、觀音心咒、觀世音菩薩六字大明咒、六字大明陀羅尼。此咒又為一切咒之心，所以又叫大悲心咒。<br>觀世音菩薩賦予六字大明咒等同於他自身的力量，散發出慈悲、喜捨的力量。 |
| 六字大明咒 | 嗡 嘛呢 唄咪 吽 |
| 咒語意義 | 嗡：代表皈依佛的四身（法身、報身、應身、化身）也代表東西南北中五佛的智慧。<br>嘛呢：代表珠寶的意思。<br>唄咪：表示蓮花的意思。<br>吽：保護的意思。<br>以達賴喇嘛的解釋，嗡是將不清靜的身口意轉換成永遠清靜的身心安樂，嘛呢指的是珍寶，珍寶在這裡是指利他，無限的利他，唄咪是指智慧，將以上兩者合起來代表吽，慈悲和智慧的結合，因此，透過這咒語，將不清淨的身語意轉化成清靜的身語意。 |

| 內容 | 說明 |
|---|---|
| 簡單修持方法 | 1.眼睛必定要張開，因屬光明且清明。<br>2.要唸出聲音，可以此自聽自靜及自加持。<br>3.雙手合十置於胸前。氣聚心定。<br>4.不急不徐一個字一個字。輕慢且間隙平均。<br>5.每日約持三十分鐘或十五分鐘不等。即能充電及啟動靈動與氣功。 |
| 咒語效用 | 1.能滅累世業障。<br>2.能避免各種災難、去魔障、化邪氣、離毒難。<br>3.斷一切煩惱，圓滿一切善願。<br>4.人生富足、安樂，增加福壽，開智慧等。<br>5.所求財富、子嗣、壽命皆得圓滿。 |

# 【文殊菩薩心咒】

| 內容 | 說明 |
|---|---|
| 文殊菩薩介紹 | 文殊菩薩為佛教四大菩薩之一，和普賢菩薩同為釋迦牟尼佛的侍者，文殊菩薩最為人所熟悉的便是智慧的化身，過去世為七佛之師，包括釋迦牟尼佛也是文殊菩薩的學生。 |
| 文殊菩薩心咒 | 嗡啊惹巴扎那地 |
| 咒語意義 | 嗡：表示皈依的意思。<br>啊惹：表示空性大智慧是不生不滅、清淨無染的。<br>巴扎：在空性中諸法平等，遠離了一切的相對觀。<br>那地：表示一切法都不可得。 |
| 簡單修持方法 | 每日至少108次，每日持續念誦。 |
| 咒語效用 | 1.罪障消滅，獲辯才無礙，並獲廣大智慧成就。<br>2.增長福德、智慧，學生學業進步，還可以增強記憶力。 |

### 【準提咒語】

| 內容 | 説明 |
|---|---|
| 準提菩薩介紹 | 準提菩薩是一位感應甚強、對崇敬者至為關懷的大菩薩，更是三世諸佛之母，他的福德智慧無量，功德廣大、感應至深，滿足眾生入世間及出世間的願望，無微不至的守護眾生。 |
| 準提咒 | 南無。颯多喃。三藐三菩陀。俱胝喃。怛姪他。唵。折隸。主隸。準提。娑婆訶。 |
| 咒語意義 | 「南無」（namah）是歸命的意思。<br>「颯哆喃三藐三勃陀俱胝南」（saptanam-samyaksam-buddha-kotinam）是七千萬正等覺，正等覺即是最高覺悟、獲得最終的感受境界。<br>「怛姪他」（tadyata）其意是「即説咒曰」，這句常常出現在一般的咒語之中，「怛姪他」咒語是歸敬文。<br>「唵」（om），是咒的起音。唵字是皈命，也可以説是咒的起始。「折隸」（cale）是覺動，「主隸」（cule）是生起，「準提」（cundhe）是清淨，「娑婆訶」（svaha）是成就的意思。 |

| 內容 | 説明 |
|------|------|
| | 整句咒意是：皈依七千萬億正等正覺咒文，希望準提佛母能讓我生起清淨心，成就吉祥圓滿。 |
| 簡單修持方法 | 每日至少108次，每日持續念誦。 |
| 咒語效用 | 準提咒能夠滅除五逆、十惡、一切罪障，成就一切功德。誦持此咒者，不論在家或出家，只要專心一致持誦，能使短命的眾生延年益壽，若有無福之人、求取官職不順利；或有人為貧苦所逼迫，常誦此咒，能令其今生得如轉輪聖王的福德，所求所願必得稱心。<br>若求取智慧，得大智慧；求男女者，使得男女。凡有所求，無不稱遂心意，就像隨色摩尼寶珠，一切色隨著心意而改變。<br>又持誦此咒，能令國王大臣及諸四眾，生起愛敬心，凡有見者即感到歡喜。<br>誦持此咒的人，遇水不能溺、遇火不能焚燒、毒藥怨家、軍陣強賊，及惡龍獸諸鬼魅等，皆不能危害。<br>凡是經過屠宰場、人類刑場、菜市場等地，念準提咒七遍，向沙吹氣一口，將此沙灑向整個場地，凡在該地被殺的一切動物神識，盡皆往生淨土或超生天界。 |

其他力量無比的神佛及咒語　Chapter 4

## 【綠度母咒】

| 內容 | 說明 |
| --- | --- |
| 綠度母介紹<br>（寶嚴印度母） | 綠度母（又稱寶嚴印度母）是觀世音菩薩的化身，相傳觀音菩薩在無量劫前，已普救了無數眾生，可是有一天，菩薩用她的慧眼觀察六道，發現受苦的眾生並未減少，頓生憂悲，雙眼流出眼淚，眼淚變成了蓮花，蓮花又變成了綠度母，接著又變出了二十一尊度母。<br>綠度母意為聖救度母，也就是一切眾生的母親，祂是觀世音菩薩眼淚的化身，右腳伸出，代表祂隨時起身救度苦難眾生。<br>綠度母是距離世間眾生最接近的慈母，祂對眾生的關愛憐憫，如同母親守護唯一的獨子。 |
| 綠度母咒 | 嗡達咧都達咧都咧梭哈 |
| 咒語意義 | 嗡：禮敬度母<br>達咧：救脫一切眾生出離輪迴<br>都達咧：除一切恐怖為畏懼<br>梭哈：我對本尊真言頂禮 |

| 內容 | 說明 |
|---|---|
| 簡單修持方法 | 1.靜下心，想像綠度母在眼前：恭敬專一，感覺綠度母已到達眼前。<br>2.皈依：皈依佛、皈依法、皈依僧<br>3.發菩提心：例如願所有眾生離苦得樂，證得無上菩提。<br>4.修持：唸誦綠度母心咒「嗡達咧都達咧都咧梭哈」<br>5.迴向<br>願以此功德莊嚴佛淨土<br>上報四種恩下濟三塗苦<br>若有見聞者悉發菩提心<br>盡此一報身同生極樂國<br>（自己迴向，例：願以此功德迴向我的父母，健康長壽……迴向給我的家庭和樂圓滿，迴向給我自己事業順利財富充足……） |
| 咒語效用 | 綠度母心咒，又稱為如意圓滿咒，只要誠心持咒，一切不如意或任何災難與劫數都將退散遠離。<br>根據經典紀載，持綠度母咒會有以下功德：<br>1.聰明成就。<br>2.福德吉祥。<br>3.辯才具足。<br>4.世樂具足。<br>5.多財富貴。<br>6.幸福圓滿。<br>7.療一切苦痛。<br>8.鬼魅悉能遣除。<br>9.災疫消滅。 |

## 【解厄度母】

| 內容 | 說明 |
|---|---|
| 解厄度母介紹 | 身體呈橘黃色的解厄度母，可以召請一切護地神*來護佑。如果走在荒郊野外或月黑風高的夜晚而心生恐懼時，想著解厄度母的形象，想著她來保護你，她自然就會來到身邊，解除恐懼。另外，解厄度母也是財神的象徵，貧困的人若能多向她祈求，也能獲得財富。 |
| 解厄度母咒 | 同綠度母咒。事實上，依索達吉堪布所著「有求：21度母*給你愛與溫暖」一書中所示，密藏有21位度母，這些度母都是佛的化身，化為女身代表慈悲，給予眾生溫暖。度母的咒語：『嗡達咧都達咧都咧梭哈』都是共通的。 |
| 咒語意義 | 嗡：禮敬度母<br>達咧：救脫一切眾生出離輪迴<br>都達咧：除一切恐怖為畏懼<br>梭哈：我對本尊真言頂禮 |

| 內容 | 說明 |
|---|---|
| 簡單修持方法 | 1. 靜下心，想像解厄度母在眼前：恭敬專一，感覺解厄度母已到達眼前。<br>2. 皈依：皈依佛、皈依法、皈依僧<br>3. 發菩提心：例如願所有眾生離苦得樂，證得無上菩提。<br>4. 修持：唸誦度母心咒：<br>「嗡達咧都達咧都咧梭哈」<br>5. 迴向<br>　願以此功德莊嚴佛淨土<br>　上報四種恩下濟三塗苦<br>　若有見聞者悉發菩提心<br>　盡此一報身同生極樂國<br>　（自己迴向，例：願以此功德迴向我的父母，健康長壽……迴向給我的家庭和樂圓滿，迴向給我自己事業順利財富充足……） |

*護地神：涵蓋天上的帝釋天、日神、月神、天龍八部，也包括地面的土地神、山神、水神

*21位度母：奮迅度母、威猛度母、金顏度母、頂髻尊勝度母、吽音叱度母、勝三界度母、破敵度母、破魔軍度母、供奉三寶度母、伏魔度母、解厄度母、吉祥度母、烈焰度母、笙眉度母、大寂靜度母、明心吽音度母、勝三界度母、消毒度母、消苦度母、消疫度母、賜成就度母

　其他力量無比的神佛及咒語　Chapter 4

## 【咕嚕咕咧佛母咒】

| 內容 | 説明 |
|---|---|
| 咕嚕咕咧佛母<br>介紹 | 「咕嚕咕咧佛母」又稱「作明佛母」，為藏傳佛教中掌管權威及懷法的本尊。修持咕嚕咕咧佛母可以增長人緣，受親友、長官及部屬愛戴，能圓滿各種世間與出世間之事業。<br>佛母具足無量行願，安住一切德法之中，行遍八方，行權方便，如觀音般慈護有情，關懷攝受眾生之悲願，可謂弘誓三界、廣被十方。若眾生能誠敬修法咒，精進不懈，必得佛母不可思議之加持，獲致殊勝之功德利益，舉凡世間之欲求，如理如法的向佛母求加被，當可滿願，天人福報，綿延不絕，具大威勢，廣受愛戴，家庭美滿，人緣增上，普受歡迎，美貌端莊，氣質高雅，福慧具足，長壽無盡，資財所求不虞匱乏，惡咒邪符不得加害，鬼神欽服，諸佛護念，懷攝六道，悉令解脫，頓離輪迴。 |
| 咕嚕咕咧佛母咒 | 嗡。咕。嚕。咕。咧。須。梭。哈 |

| 內容 | 說明 |
|---|---|
| 咒語意義 | 咕嚕咕咧佛母形象介紹：<br>佛母貌如十六歲少女，全身呈紅色，代表攝服人心，怒容表示調伏惡魔，三眼表示通達三世，四臂表示四種成就（息災、增財、攝服人心、誅殺惡魔）或四無量心（慈、悲、喜、捨），花箭、鉤和絹素代表自然控制一切的力量以及能攝服三界人天的威力。 |
| 簡單修持方法 | 觀想咒聲隆隆遍滿三界，紅色光明遍布宇宙，一切諸佛菩薩之慈悲、智慧、力量等一切化為紅光融入自己身內。每日花一小段時間持續念誦此咒不間斷。 |
| 咒語效用 | 此咒語能求得一切人緣與愛情順遂，官權威望獲得提升，事業與財富都圓滿具足。對於內在則是能培養廣大慈悲心，智慧充滿。 |

## 【大白傘蓋佛母咒】

| 內容 | 說明 |
|---|---|
| 大白傘蓋佛母介紹 | 具有降魔不可思議之大威德，遇到邪魔，能使其自行退避，天魔外道，悉皆降服，並摧毀一切巫蠱及詛咒語。 |
| 大白傘蓋佛母咒 | 嗡、沙爾娃、打他架打，烏尼卡，施達，打巴遮，吽呸，吽媽媽，吽呢，梭哈 |
| 咒語意義 | 人鬼怨敵退散，邪巫詛咒都摧毀，災難橫禍都避免，一切陰魔鬼魅都降伏，一切奇難雜症惡疾都消除。 |

| 內容 | 說明 |
|---|---|
| 簡單修持方法 | 1.「奉請大白傘蓋佛母。」三稱。<br>2.大白傘蓋佛母祈願文：「吽。金剛頂髻大回遮母，具千手聖母，千面聖母，百千萬眼聖母，具種相金剛寬廣大白母。主宰三界中圍，將弟子〇〇〇（及家人），種種煩惱苦厄，及其它所有一切災難等等，悉皆化解。更得諸佛菩薩日月星斗吉神護持，一切所求，悉皆如願，獲大吉祥，康寧安樂。」一遍。<br>3.念「大白傘蓋佛母」心咒一百零八遍——咒曰：「嗡、沙爾娃、打他架打，烏尼卡，施達打巴遮，吽呸，吽媽媽，吽呢，梭哈。<br>4.念回向偈：「願以所誦功德，速成白傘蓋母，施予六道眾生，苦難消除。」三拜。 |
| 咒語效用 | 1.天魔外道。悉皆降服。並摧毀一切巫蠱詛咒禁語。<br>2.可避免一切地水火風、饑饉牢獄、刀兵禍劫等災。<br>3.任何眾生亦得生死解脫之因，同證菩提道果之德，逢凶化吉。 |

## 【安土地真言】

| 內容 | 說明 |
|---|---|
| 安土地真言介紹 | 安土地真言，就是土地公咒。土地公（福德正神）是所有的神中跟我們最接近的。我們若尊敬土地公，土地公也會幫助我們，土地公得知我們想什麼，虔誠祈求也會讓我們滿願，多福多壽。 |
| 安土地真言 | 南摩三滿多。莫多喃。嗡。度魯度魯。地尾梭哈 |
| 咒語意義 | 召請五方五土地正神，來護持期願者。 |
| 簡單修持方法 | 1.弟子〇〇〇召請土地公，祈求……（要土地公幫忙的事情）<br>2.弟子準備安土地符及金鈔銀紙（有燒金紙時），虔誠持誦安土地咒7~108遍。<br>3.回向十方土地神 |
| 咒語效用 | 1.各種病痛消失，身體健康。<br>2.往生天界：一心專誦此咒，守五戒、行十善，將來也不會墮入地獄及三惡道，能超生人天界受勝妙樂。<br>3.求財富：福德正神率眾鬼神一一前來幫助，會得到諸多土地鬼神護衛，增加無窮的財富。 |

## 【穢跡金剛咒】

| 內容 | 說明 |
|---|---|
| 介紹 | 穢跡金剛，也稱「除穢金剛」，他是釋迦牟尼心臟的化身，相傳在釋迦牟尼佛即將涅槃之時，所有天地眾生皆悲傷哀泣之時，有一位螺髻天王仍與天女嬉戲，盡情享樂，引得其他天神憤怒不已，於是想到城堡勸他，但城外堆著各種汙穢，眾天神一念咒，便被破了咒，紛紛吐血腦裂而死。<br>當眾神無計可施時，釋迦牟尼從心臟中化出一尊金剛，此金剛捉了螺髻天王到釋迦牟尼跟前懺悔，釋迦牟尼安然涅槃。此金剛不怕汙穢，所以名為穢跡金剛。<br>釋迦牟尼佛涅槃之日，即是穢跡金剛的生日，也可說釋迦牟尼佛未死，以穢跡金剛的形象留存世間。 |

其他力量無比的神佛及咒語　Chapter 4

| 內容 | 説明 |
|------|------|
| 咒語 | 嗡，畢滑古魯，嘛哈八拉，溫拿虎，吻計吻，西摩尼，微吉微，摩奴西，嗡，卓吉那，烏芻瑟摩，谷魯，吽吽吽，泮泮泮泮泮，梭呵。 |
| 咒語意義 | 以火燃燒一切煩惱及污穢而讓整個世界清淨了。庇護眾生，不受任何淫汙之害。 |
| 簡單修持方法 | 1.祈請穢跡金剛降臨。<br>2.念咒7~108遍。<br>3.念回向偈：「願以此功德，迴向給諸眾生，消除恐懼、煩惱，轉識成智，往生清淨佛國。」 |
| 咒語效用 | 1.遠離災難與陰晦：前往殯儀館或墳場等各種不祥之處，都可以持誦「除穢金剛」咒來保護自己。<br>2.防竊賊入侵：家中供奉穢跡金剛像，可以防盜。<br>3.獲得智慧：根性愚鈍者可獲得大智慧。<br>4.得大福德：持此咒可得世間福報圓滿，遠離貧窮。<br>5治睡覺驚怖<br>　若晚上睡覺常有「驚怖」的情形發生，持二十一遍咒語，然後用水或手輕彈睡眠者（加持的動作），從此即可免除驚怖惡夢！ |

## Chapter 5

# 這麼努力了，好像
# 沒什麼成效！原因為何？

命運並不在於機會，而在於選擇；

別被動等待，要主動追尋。

──美國政治家及律師　威廉・布萊恩

# 5-1

# 財富如何來？先了解業力法則

　　我們都相信，要怎麼收穫先怎麼栽，想要更多收穫則要更用力栽，也就是說，越努力工作，就會受到賞識，升遷就有望，相對的獲得的財富就會越多。但事實上結果是不是如此呢？相信絕大多數的人抱持贊同的看法，但有少部分人仍舊嗤之以鼻道：「不一定喔！有人很努力還是一貧如洗啊！」、「不對啊！我們鄰居每天工作15個小時，生活還是很苦……」、「少騙了！我自認為一直很努力，但不知怎麼回事，身邊就是一直很多小人……讓我一直無法升遷」、「最嘔的是為什麼隔壁家的阿德和我同年齡，現在已經是億萬富翁，只因為他是企業家第二代……」，也就是說，努力就會獲得財富並不是鐵律，竟還有不少例外呢！

　　有的人很努力，果然事業順利，得到了一筆財富，但很快地突然發現身罹絕症，沒有多久一命嗚呼，這筆錢財無福消受。

　　種種的例子在我們身邊比比皆是，相信不用我多說，每位讀者都可以舉出很多實例，這可以得到一個結論，財富並非努力就可得，得了之後不一定自己用得到，而令人

最為氣結的是，為何有人含著金湯匙出生，不需要努力財富便享用不盡，這些道理為何？

　　種種的現象諸如有人生來面貌姣好，有人卻其貌不揚，更有人生來少條腿、多根手指，有人聰慧伶俐，有人愚鈍遲緩，有人身強體壯，有人體弱多病，有人天生個性剛毅，有人溫順羸弱⋯⋯從古至今許多人試著解開這謎題，更有許多宗教探討其中的道理，有深有淺。有的宗教乾脆不去探討，有的宗教則直接一言以蔽之：「這都是上帝的旨意！」

　　目前現存的宗教當中，我認為佛教解釋這道理最為深邃卻又通達，義理精闢且透徹。廣義來說，這是以貫穿前世、今世、來世的觀念解釋生命體的一切，更具體來說，除了前世還有前世的前世，無量的前世，來世還有來世的來世，無量的來世，等於無限延伸。為了簡單說明，我們先探討三世的現象即可，看以下這一幅圖。

這麼努力了，好像沒什麼成效！原因為何？　Chapter 5

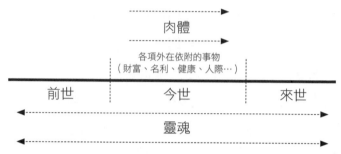

業力（身業、語業、意業）[善業/惡業]、阿賴耶識（存有記憶）

今世是我們熟悉的狀態，包含肉體及各種外在依附的事物，例如財富、功名、健康、人際、家庭⋯⋯等。然而，對照靈魂、業力、阿賴耶識等與永遠存在的東西又顯得微不足道，簡言之，主宰我們生命的不僅是這一世眼前看到的這一切，更強大的卻是肉眼看不見的業力。最大的不同是：今世這些肉體及外在依附的事物都是短暫會消失的，並且帶不走的；而跨越三世的靈魂、業力等卻是恆久、永不消失的。

註1：身業即行動。語業即語言。意業即思考。舉個例子，出手協助或忽視一個極需援助的人，你的心中將留下較強烈的銘印，身、語、意三業即開始轉動，種下跨越三世的種子。

註2：阿賴耶識是印度的語言，中文的意義就是「我」的意思。人有八識：眼識、耳識、鼻識、舌識、身識、意識、末那識、阿賴耶識。前七識都有死亡、毀壞的時候，只有阿賴

耶識（又稱第八識）的「我」，是真心本性，它可以隨著我
們流轉五趣六道、輪迴天上人間，是永恆而不會消滅的。

大部分人如果只看這一世，許多人生的問題是解不開
的，猶如以管窺天，或者不信前世今生，這本書基本對你
已經沒什麼意義，可以闔起來，放回書架中了。

## 上輩子已經在醞釀福分或惡因，但往往人們只看到這輩子的果

業力法則不是只有發生在佛教徒身上，是每個人都會
遇到，其實這道理就是一個簡單的數學邏輯概念，更符合
「物質不滅定律」、「凡走過必留下痕跡」、「要怎麼收
穫先怎麼栽」、「鑑往知來」，運用這道理許多人生的謎
團都可以迎刃而解，因此有人生下來長的美、長的醜、有
人健康富貴、有人體弱多病，都是累世造成的，無得怨天
尤人。雖然許多人相信業力法則，信服的人又有幾種不同
觀點，一是以消極的態度面對，對於一切不利的遭遇都歸
咎於宿命，考試考不好、家庭不幸福、出門摔一跤，連去
旅行掉錢都認為命該如此。凡事命定、坐以待斃的觀念，
常導致消極悲觀！第二種則以積極的態度面對，努力向
上，當遇到困難時，知道過去自己做的還不夠好，因此現

這麼努力了，好像沒什麼成效！原因為何？  Chapter 5

在要快點改正過來，同時盡量做好事，避免做壞事，這樣就能終止厄運繼續產生。佛經：「欲知前世因，今生受者是。欲知來世果，今生作者是！」就是此理。

　　有位朋友早買好票準備趕高鐵去參加一個重要面試，預計好到達時間，路上遇上大塞車，原來是有個大車禍，快到的時候，前方施工，又折騰了一下子，到的時候車早已開走好幾班，於是捶心肝……趕不上台北重要會議。基本上，這跟因果是沒關係的！（除非有特別的因緣，但機率微乎其微），我這朋友卻說，這一定是冥冥中註定，讓我無法趕上，我的人生完了，這一定是上天處罰我無法獲得這份工作，我前世是造了什麼孽…這位嚴重宿命論者的朋友總是混淆了因果關係，許多人工作不順、學業不佳、人際關係遇到阻礙也歸咎命運，事實上若某些阻礙真與前世有關，透過堅定的信念仍可以扭轉命運。

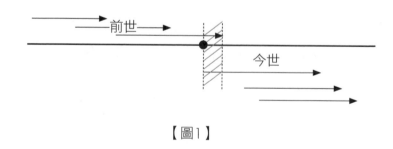

【圖1】

說明：

假設每一段箭頭表示每一件事件，分為前世的事件與今世的事件，前世的事件與今世的事件部分是單獨進行的，部分前世的事件則會影響到今世，但即使會影響，若以長度表示事情的影響程度，如果某件事真被前世影響，就讓今世的努力影響大過前世，就可以逐漸抵銷掉。有一位我工作上的女客戶，生下來即罹患小兒麻痺，終身須以柺杖或輪椅輔助行動，生活處處不便，但從小到大憑著堅強的意志一路克服諸多障礙，現在在工作上表現得極為出色，也有個美滿幸福的家庭，這是不向命運低頭的最佳佐證。

另一種現象是，前世影響非常深，這一世又不思長進，任由被前世業力牽著走，便有如圖2的現象產生。這類人其實常出現在我們周遭，常怨天尤人，習氣特別重，常發脾氣，大抵都屬於這類。

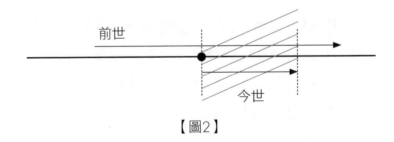

前世

今世

【圖2】

這麼努力了，好像沒什麼成效！原因為何？ Chapter 5

但畢竟逝者已矣，今世還是主宰著我們的人生，只要有毅力與恆心，仍然可以改變過去命運的束縛。

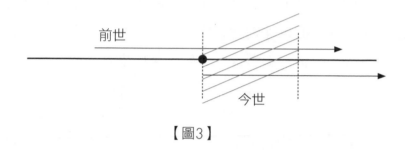

【圖3】

　　如果還是不明瞭，可以用一天舉例，以中午12：00為分界點，12：00以前為前世，12：00以後為今世，早上吃了一個壞掉的麵包加上一杯過期的牛奶，結果一整天不舒服，到了晚上發作起來，要人命，趕緊到醫院打點滴，知曉道理的，就知道肚子痛是由早上壞掉的麵包加過期牛奶引起的，但由於大部分的我們並不知道早上（前世）發生的事情，只能胡亂猜疑，病急亂投醫，也許造成許多憾事發生。

　　又或者早上幫助一個老太婆過馬路，剛好這老太婆家財萬貫，有個待字閨中的孫女，又剛好你是一位有為有守的好青年，深得老太婆喜歡，晚上便想把孫女介紹給你，但經過了一世了，晚上碰到了這位明眸大眼的氣質美女，於是你以為自己有夠幸運，無故獲得美人的喜愛，而事實

上，這是早已安排好的劇情。如果每個人都有機會「穿梭陰陽界」、「回到過去（世）」，許多事情便可迎刃而解，不須費盡心思狂猜疑了。

那麼，財富到底怎麼來，透過因果關係就能清楚明瞭，每一筆財富的到來一定有個前因，例如去工作就是前因，因為有了這份工作，每月領到薪水就是結果。如果擴大到前世今生的道理，有人一開始就擁有許多祖先留下來的財富必定是前世累積了許多善事，那麼問題來了，第一，我怎麼知道我前世有沒有做很多善事，如果沒有怎麼辦，是不是註定這一世沒有財富的命。第二，不管如何，有沒有可能這一世就可以得到很多財富。

欲解答以上兩個問題，就非得更深入瞭解因果循環的道理不可，而這裡指的前世不一定只有上一世，而是包含所有上一世之前的無量世，因為造業不一定只有上一世造的，還有延伸至好幾世以前的所有業力。每個人就像宇宙的老人，也造了無數的惡業與善業，但也經歷了無數的果報，這種欠錢還錢、欠情還情的道理便一直生生不息。到了這一世時每個人還受到前世的業力牽引的程度不一，而大部分的人受到惡業牽引的成分較大，受到前世牽引越少的（例如只有10%）這世可以作主的機會越大，反之業障越重今世受到的牽引越多，可能高達90%，其餘10%才是今

這麼努力了，好像沒什麼成效！原因為何？　Chapter 5

世可以控制的部分，但無論如何，今世還是有可以操控的部分，因此，這一世還是要努力，大致可以簡單以下圖說明：

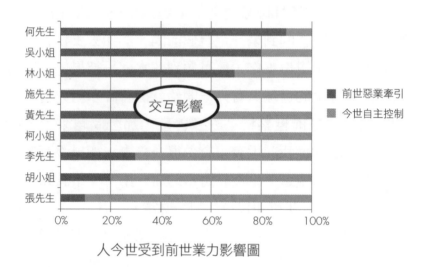

人今世受到前世業力影響圖

業力就好像每個人肩後扛了一大袋的重物，有人扛了90斤，有人扛了80斤，而有人只扛了10斤，若以惡業來舉例，何先生受到前世業力牽引較多，張先生受到前世業力牽引較少，若何先生造了許多惡業，那麼這一世有可能諸事不順、煩惱病痛纏身，如果何先生任由命運發展，沒有積極作為，肯定依舊受到諸多桎梏，隨風逐流，那麼究竟有沒有解決方法，當然是有的，「不被命運擺布」就是此理。但「不被命運擺佈」並非坐視命運不管，如何將何先

生身上扛的90斤重擔減輕甚至卸載才是解決之道。

　　我們先來看張先生這一世，受到前世的牽引較少，因此這一世的主控權較大，在沒有負擔的情況下做事較能獲得所要的結果，但如果他沒有好好把握或者用錯方法，縱使身上只扛了10斤的擔子，仍舊功虧一簣，因此，張先生若想獲得成功還是要有方法才行。

　　寫到這裡我們先停一下，有人或許很好奇，自己到底是屬於哪一類的人，是趨近何先生，還是張先生呢？其實這是有跡可循的，據筆者觀察經驗，大致歸納以下幾點：

趨向何先生類型（受惡業業力影響較大）：
（1）對一件事很執著，常要想好幾遍，下不了決定。
（2）執著於情欲，放不下逝去的感情。
（3）常鑽牛角尖，在裡面繞圈圈兜不出來。
（4）做事總是顧及他人的感受，深怕別人不開心。
（5）一件很簡單的事情，卻想得很複雜。
（6）物質慾望較強烈。
（7）容易生氣發怒，往往一件小事便動輒得咎。
（8）容易斤斤計較，深怕被人佔便宜。
（9）害怕一個人獨處，較有寂寞空虛感。
（10）有時運勢較低時，大小災難不斷降臨。

趨向張先生類型（受惡業業力影響較小）：

（1）不執著於某事，隨遇而安。

（2）喜歡一個人獨處，不喜歡人來熙攘。

（3）較沒有煩惱，較少失眠。

（4）對於情欲觀念較淡，家庭觀念薄弱，不太在意家裡人的感想。

（5）嚮往一個人去旅行。

（6）物質慾望較不強烈。

（7）不容易生氣，心中常保祥和。

（8）不會太計較，被佔便宜也無所謂。

其實大部分的人應是二者兼有之，也就是說，受到業力牽引和這世主控很平均。回到何先生和張先生的例子，無論是哪位，是否前世做的每件事這世都會受到影響，答案是不一定！就像有100顆種子，放入土裡後，只有60顆馬上發芽，另外20顆則等了好久好久才發芽，還有20顆則永遠不發芽，這就是因緣成熟的道理，一顆種子要變成一棵芽的過程需要適當的催化劑，例如陽光、空氣、水，沒有這些很難發芽。因果的道理也是如此，不是每件前世做的事都有機會開花結果，有些是無疾而終的，端看機緣。換個角度來說，因與果之間有個很重要的觸媒，這個觸媒

很微妙，可以直線進行，讓種下的因順利結成果實，也可以轉彎，讓原來的因轉化，成為一顆美妙的果實。佛陀對於前世與這世的關係做了許多比喻，其中一則是一盞油燈點燃另一盞油燈，油、燈芯和燈具是其中不可缺少的三要素。第一盞油燈是比喻這一世，點燃另一盞是比喻下一世，第一盞油燈點燃另一盞油燈的過程中，先有第一盞油燈代表無常且最終將滅盡，後一盞油燈要依靠前一盞燈的點燃才能出現燈光，這是由因緣而生的比喻。

　　以上都是大自然規律不可思議之處，也是人生精彩之處，如果什麼都沒法改變，相信這世界將陷入一片死寂。

　　以前我在禪修時向一位老禪師問過一個問題，過去世如果造了某個惡業，註定這一世要還，是否可以避得過？這位禪師回答，假如我們兩人上輩子你開車來撞我害我受傷，本來這輩子我也要讓你受傷的，但因為這一世我有修持，你也有修持，這個因緣就變成我和你在這禪修的場合相遇，你來供養我，化解了惡緣的果報。

　　這也讓我明白觀世音菩薩聞聲救苦、地藏王菩薩救度冥界眾生的力量，就是藉由業力可以轉化的方法順利救度，但前提是眾生需要深信因果，需要有大懺悔的心，感召菩薩的力量救度。

　　當然，前世今生的觀念沒有這麼簡單，如果一個人

前世造了許多福，但今世誕生在富貴之家，卻沒有繼續行善的觀念，反而一直造惡業，作惡多端，前世修來的福氣很快會「轉」掉，很多現成的例子都可以作為借鏡，常有許多大企業主，因為事業經營不善，財產一夕之間化為烏有，當然就世間法來看，肯定是策略錯誤、大環境丕變、成本增加、組織變異…等因素，但其實有一部分的原因在於主事者這世的造業或者共業的影響，理深而玄妙。

雖說人受到因果業報影響，但原則上每一世就是一個新的開始，我們再來看這一世和未來世的關係，假如這一世這10人都知曉因果報應的原理，盡量減少造惡業，那麼下一世能夠作主的機會必能大大提高，只是仍然受到上一世的影響（上一世沒有還完的部分），原則上大家仍依序背負著不一的重擔，只要有信心，這重擔將會逐漸消失，到時候便圓滿自在了。

如果一個人前世造了許多福，今世誕生在富貴之家，卻沒有繼續行善的觀念，反而一直造惡業，作惡多端，前世修來的福氣很快會「轉」掉，此外，還有一種人造了惡業而不自知，反以為自己是大善人，以前我有位同事，常說人長短，對這人說那人是非，又對那人說這人不是，我跟她說不要再這樣了，結果她卻嗤之以鼻說：「我這是在幫助他人，讓他提防對方！」有一次偷偷裝了竊聽器在他

人桌下，被發現後仍然理直氣壯說自己是替天行道，將來會有好報。

　　幾天前我公司的電腦系統嚴重當機，我問負責資安的同事如何處理，他的嘴巴立時嘟起來、兩手一攤便什麼話都不用再說了，好像在跟我說這是天意，這系統命中注定會在此時此刻此地此景壯烈犧牲，任何神佛想要挽救只是徒勞無功，如果試著修復就是逆天，他絕不做這種事，留下呆若木雞、一臉錯愕的我，對於因果道理的繆論竟如此之深。

　　這樣本末倒置愚癡之人我們見過不少，沒有智慧、不懂正念，主要還是受到貪嗔癡習性的影響，如果沒有正知正見的人士的引導，恐怕一輩子都還是維持著自己的邪知邪見了。

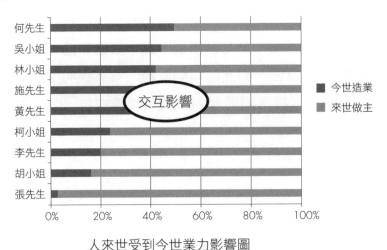

人來世受到今世業力影響圖

「逝者已矣，來者可追」，本書著重在這一世如何努力，但因為前世的行為影響了這一世，開源節流的道理不能不懂，開源即是廣大布施，節流即是不造惡業，依照「莫以善小而不為，莫以惡小而為之！」的原則累積福報就是最好的方法。

再回到最前面的兩個問題，第一，我怎麼知道我的前世有沒有做很多善事，如果沒有是不是註定這世沒有財富面。第二，我這一世可以得到很多財富嗎？

事實上，佛教不是要人消極以對，而是當事情發生的當下，知道有因果存在其中後，釋懷了，不怨天尤人了，然後繼續前進，直到事情解決，因此，我對因果的比喻，就如同一位橄欖球選手拿著球，一路往目標前進，中間遇到所有的阻礙都是過程，仍舊一路向前，沒有猶豫，直到達陣成功。這些阻礙就是因果，清清楚楚明明白白，沒有因為阻礙而停下來，因為目標很明確，身為橄欖球員就是要到達最後那條線。因此這兩個問題的答案很明顯，就是「just do it！」擇善而固執，自然可以達成自己想要的目標。

# 5-2

## 善用業力法則
### ——積極可行的方法

　　我們了解業力的法則後，那麼如何更進一步讓善業持續，惡業消失呢？要探討這個議題，必須要回到修行修福這件事上面。沒有修行的人，叫做命運，有修行的人，叫做運命。也就是說，若有修行，業力可以轉，若無修行，業力難轉。業力難轉也是因為力道不足，業力在這一生顯現大都屬於情感、疾病、財富上的盈虧，而定業就是造了太大的惡業，轉動不過來。財富有無和過去世的貪欲有關；疾病和過去世的殺生有關；人緣好壞和過去世的瞋恨心有關。

　　有個人很認真挑選一間房子，又便宜風水又好，結果住進去之後開始出現睡不著，心神不寧，又遭小偷。如果一個人沒有造很大的福德，他所居住的風水就會不好，因此「福地福人居」的道理就在此。

　　有的討債者不一定是要命，尤其是看到修行者，主要是要阻礙修行，使其無法成道成仙成佛，他不願意看到這位修行者得道後將這些罪業一筆勾銷。

果報分為兩種，正報和依報，正報就是個人的身體，有的人長得帥、長得漂亮，又能言善道，有的人健康、頭腦好，成績都是第一名，這就是這人的正報，依報則是環境因素，包括家庭、學校、社會、國家，乃至於整個地球環境對自己的影響，有的國家某些地區貧窮落後，如非洲、印度，有的從小聰明優秀，卻因為生在這些地方而無法發展，這就是正報夠但依報卻不夠。而有的人開名車住豪宅，薪水高我們數十倍，看起來沒這麼聰明，卻有這種福報，就是他的依報夠的緣故。

　　如果以簡單圖示來看，業力運行的規則如下：

一般業力運作如下：

造業 → 因緣成熟 → 果報

避免受到果報的方式

造業 → 選擇因緣不要成熟或轉移 → 沒有果報

　　希望因緣不要成熟的方式有許多種，其中一種讓人容易接受理解的方式如下：

懺悔、認錯 → 迴向、皈依 → 對治力

## 懺悔

例如我們走在草地上不知踏死了多少螻蟻，也可能一陣風吹來本來要吹落正在奮力向上攀爬的蜘蛛，我們不經意擋在前面讓這小生命免於危難。另一個例子是下雨天過後，鄉間泥濘地產生許多水窟窿，過幾天如果這小窟窿還積了水，便開始生出許多小小的蝌蚪，一輛車不明白輪胎壓過去，瞬間毀了這些蝌蚪，但也會因壓中了別窟的水濺到這一窟，讓原本奄奄一息的蝌蚪瞬間又有了生氣，也彷如蝴蝶效應，小小的舉動而引發大大的變化。

只要下大懺悔心，就可將業力轉動。雖然我們過去不知道自己犯下了什麼過錯，但瞭解佛法的人一定知道，過去一定犯過許許多多的錯，在內心裡至誠懺悔，或許很多人不信這一套，以前我自己工作順利、一路順風時絕沒有想過自己會遭致被資遣的命運，也不會想過以前犯過什麼錯，直到後來慢慢修行時，想到過去，其實有時候有意無意（其實很多時候是有意的，只是不願意承認）傷害了其他人，在工作上據理力爭不願意妥協，其實一方面對於另一方持相反意見的人就是傷害。此外為了搶得一件生意，不斷競爭、想辦法用手段將生意搶到手，無形中對於其他競爭者也傷害了，因為他們也有家庭要養……種種傷害的形式都造成傷害。這是這一世可以看到的部分，在過去世

有更多的傷害卻是無法彌補的。

　　如果沒有真正的內心懺悔是沒用的，不是只有形式上參加拜懺、參加法會而已，而是需要發自內心的動機才是。

　　求佛菩薩為何有效，不是要佛菩薩來幫你擋這些災難的，而是基於懺悔，發覺內在的佛性而了知佛菩薩內在的智慧與慈悲，以智慧及慈悲為目的，求佛菩薩加被。也就是說，惡業現前不是由阻擋能夠解決，而是由內在造惡的心完全降伏、放下，轉智成識。認清了造惡的本質而願意放下。如果災難來臨了，學著勇於承擔，以慈悲的心面對，往往可以降低或化解業力帶來的磨難。

## 皈依

　　有些狀況，只靠發露懺悔的力量還不夠，過去世不知道冤親債主是誰，若是傷人特別深的，對方怨念很深，通常不放過債務人。這時，要找神佛的力量出來當協商者，這就是皈依，依止佛陀或其他神仙，但要記得這神仙是可靠的，市面上太多假借神佛的人士，沒有力量卻招搖撞騙，騙財騙色，如果不幸找到這類人皈依，可能越幫越忙，永無解決之日。

　　若是有自稱大師或通靈人士表示可以立刻靈驗或是展

現很多神蹟、奇蹟、神通的，這就需特別小心，因為如果這麼簡單，這位債權人就不會這麼難處理了。

龍德上師說過，由於我們凡夫力量太渺小，和這些債權人不要直接對話，而是由心中祈求佛菩薩作主，例如：「請觀世音菩薩作主，希望我的冤親債主能原諒我曾經對他們的傷害，一切我今皆懺悔，請觀世音菩薩度化我的冤親債主往生西方極樂世界。」佛菩薩就是最好的依止對象。

## 對治力

所謂對治力即是造惡業的相反，假設過去造了極大惡業，現在就要以極大的力量造善業，積極參加公益活動、大放生、盡己之力幫助貧童、貧戶……等皆是，這樣的對治力會讓本來因為造了大惡業需受到的果報縮短或減緩。

在佛陀時代，有一位祭司專門宰殺畜生祭祖，有一天他又要宰殺一隻羊，正要宰殺時，這隻羊卻笑了，但緊接著又哭了，這位祭司很是狐疑，於是問牠為何先笑後哭，這山羊說了：

「我和你一樣是位祭司，卻因為殺羊祭祀，造了殺業，死後無法投身做人，反倒變成羊。連續五百次轉世，都只能投胎作一隻身不由己的羊，人類要打罵便打罵，要

　　　這麼努力了，好像沒什麼成效！原因為何？　Chapter 5

宰殺便宰殺，就算遇到了願意善待我的善心人，到頭還是免不了作為一隻羊註定被殺的命運，我笑是因為我知道，這是我在畜生道的最後一世，從今天以後我將不再受斷頭之苦，投胎為人了，心中自是充滿喜悅。但對於身為祭司的你，今後你將和我一樣淪落在畜生道被斷頭五百次，想到這裡為你感到悲傷，我又哭了。」

對於這樣的殺業，只有使用對治力才能避免持續五百世的輪迴，有時往往一次大的布施就能解脫大災難。

由皈依的神佛對治自身的業障，需要由自身實踐、行動，才得以消除業障，簡單來說，如果欠人家錢，心想著要怎麼償還，去找神佛幫忙，神佛一定會說：開源與節流（而不是直接拿一筆錢給你），所謂節流，就是發自內心的懺悔，積極向善，不要再造惡業，也就是不要再累積債務。此外還要開源，多做善事，累積福德。

根據密教的經典，百字明咒（金剛薩埵菩薩真言）的力量無窮，如果好好持咒，這力量可以讓宇宙的慈悲能量源源不絕灌入持咒者的身心中，也會讓持咒者的冤親債主轉化怨氣，改以慈悲心對待持咒者，業力自然轉化掉。這是自利利他的方式，沒有任何神佛可以直接幫自己減掉業力，唯有靠自己不斷努力才可以化解。

以我自身的經驗，過去認為蚊子叮咬，然後「啪！」

一聲就地處決是很正常的事，但是開始持誦百字明咒後，蚊子竟然打不下去，只覺得「牠」雖微不足道，但仍舊是一條生命，和所有的畜生沒有不同，有了這些思維後，自然便不忍心再「啪！」一聲了，改以揮一揮手趕走就好。以前聽過有修行人放任自己身體讓蚊子叮咬，就當成是種布施，讓自己的血布施給蚊子，叮一整晚這些血加起來不到10c.c.，人一天造的血絕對不只這些，對於自己其實沒什麼損失，卻很少人做到，當然在這裡不是要大家都刻意讓蚊子咬，而是一個人的修持到達一個境界時，慈悲的力量是可以看見很細微之處，讓自己更加光明清淨。

### 百字明咒（金剛薩埵菩薩真言）

百字明的功德主要是消滅罪障，可洗淨我們的罪障，讓我們得到更純淨的力量。

咒語：

| | | | | |
|---|---|---|---|---|
| 嗡 | 班雜沙埵 | 沙嘛雅 | 嘛奴 | 巴拉雅 |
| 班雜沙埵 | 爹羅巴 | 底叉知都 | 咩巴哇 | |
| 蘇埵卡喲 | 咩巴哇 | 蘇波卡喲 | 咩巴哇 | |
| 阿奴那埵 | 咩巴哇 | 沙哇司底 | 咩雜雅叉 | |
| 沙哇嘎嘛 | 蘇雜咩 | 資耽 | 司裡讓 | 咕嚕吽 |

哈哈哈哈火　巴嘎溫　沙哇打他嘎打

班雜嘛咩門雜　班雜巴哇　嘛哈沙嘛雅　沙

埵阿　吽呸

簡咒：

嗡　班雜沙埵吽

# 擺脫業力的束縛

　　生為人很難得，有多難得在佛經裡都有敘述，只能說這世界的眾生太多了，但大部分的眾生都在三惡道（地獄、惡鬼、畜生），想像螞蟻好了，一個小窩就有成千上萬隻，遑論其他動物族群，而這也只是動物界的眾生，不要以為看不到就不存在，那麼地獄和惡鬼有多少呢？佛經曾經比喻，地上的沙子拿起一顆，就代表人類的數量，那麼整個地上的沙子就代表鬼道眾生的數量。一位心量無邊的修行者知曉這些道理後，便感受人真是太渺小也太狹隘了，爭功諉過其實都不必要，為了享受這一生的財富做了許多傷天害理的事也過於愚癡了，下一世都不知道要到哪裡去，因此，當通曉這些道理後，就會努力依照佛經上所教導的致力於擺脫業力束縛，是的，擺脫業力的束縛才是大事，其他的都沒有比這重要了。

## 掌控業力

　　一位稍微對於佛法瞭解的人對於「萬般帶不走，唯有業隨身！」這句話肯定很熟悉，許多網路、媒體與書籍都談到業力的原理，很多正確也有很多錯誤，正確的占大多

數，約85%左右，另外15%不是瞭解不深導致錯誤，便是利用人心專門騙財騙色。

　　好，假如幸運一點下輩子還是投胎當人，從呱呱墜地開始都要從頭來，腦袋空空重新受教育，只有前世的業力跟隨著，不明白這道理的人會覺得這事投報率實在低得可以，有人努力賺錢，卻一毛錢都無法跨越到下輩子，有人擁有豐富的學識涵養，卻不容許任何知識帶到下輩子，深愛的妻子子女累積的親情溫暖也無法帶到下輩子再一起享受，這是何等的殘酷啊！

　　但明白道理的人反而覺得這是個機會，既然只有業力隨身，只要懂得運用業力的原則就可以不被它影響，反而還能掌握住他。其實財富、學識涵養、親情溫暖真的都無法帶到下輩子嗎？也不盡然。有人呱呱墜地就投生到一富貴人家，表示他還是將錢財帶來了，有的人小時候功課特佳，輕輕鬆鬆便能獲得高分、金榜題名，這也表示他將學識涵養帶來了，還有的家庭和樂無比、父慈子孝兄友弟恭，這就是將親情溫暖帶來最好的體現。這些通通都是業力的總成，只是如何將財富帶到這一世來絕非簡單，透過業力的轉換才能成功。這世的業力就像篩子，會篩出不同的物品，篩善的篩子會篩出真正精良的物品，其他的通通都是垃圾，什麼是真正精良的物品，就是足以帶著跨越生

死的產品，嚴格說來都不是真的物品，而是一個行為、一種態度罷了，也就是前面章節反覆提及的內容：

（1）布施：如財布施、法布施、無畏布施。

（2）守戒：如基本的不殺生、不偷盜、不邪淫、不妄語、不飲酒等戒律。

（3）修各種善業：時時想著助人利他，並化為行動，就是善業。

（4）修福：福氣不是永遠都有，因此這世有了福氣要努力保持住，不要浪費了，也就是力行節儉、不應虛度荒淫。

## 用業力來解釋──化消極為積極

這幾天報紙刊出一位50歲的消防隊大隊長，平日身體健康，孔武有力，有天忽然感到身體不適，遂至醫院檢查，竟判定血癌末期，不到幾天便一命嗚呼。另一個例子是，某位天生樂善好施的企業家，造橋鋪路、資助貧童無數，在一次的車禍中意外喪生，這對於洞燭世事的人們仍然百思不得其解。如果因此對於業力法則有所懷疑或產生誤解就得不償失了，也等於對於業力一知半解、妄下判斷。孰不知這位大隊長或企業家前世的累積的惡業與現世累積的善業對照有過之而無不及啊！因此今世造了如此多

功德仍遭致橫禍來說，可說是「重罪輕報」了！

　　從另一角度說，業力也是助力，知足的人，看到的都是窮苦人的苦，不知足的人，看到的都是富貴人家的樂，給予別人一些，自己能得到無比的快樂！

　　在我們周遭，可能是朋友，甚至就是自己，生性善良，與人為善，看起來就是好人一個，奈何子女不孝、體弱多病、貧窮困苦……，旁人看著總是為之婉惜，又有一些人號稱捐獻了多少錢，就可以幫自己消掉多少業障的人有許多不是神棍就是騙子。的確，做了什麼善事，這個善事是可以轉化業力，但不等於抵銷業障。當我們深刻理解也業力的原理後，便不會執著於這些現象，反而以更加清晰透徹的思維看待這些事物。

## 當運勢很低的時候

　　被公司莫名其妙解雇後，幾乎每一步都很不順利，彷彿天要塌下來似的，胸口總感覺一股悶氣，做什麼事都無精打采，即使是呼吸也有氣無力，我逐漸明白失業者的感受，尤其是中年失業，不知道下一步往哪裡走，亦害怕沒有經濟來源將使家人受苦受餓，這種危機感時時於心頭纏繞，人往往在這時候會陷於慌亂，有人整天胡思亂想，直往壞的方向去，有酗酒習慣的便藉酒消愁愁更愁，有人將

剩餘的積蓄拿來隨處投資豪賭一把，另有更慘的是覺得自己再也找不到工作，成為廢人一個，邊走邊想，經過一座橋，直往橋中央，越過欄杆，噗通一聲，就沒了。

大概我並非屬於鑽牛角尖的人，經歷這種痛苦的心境其實時間很短，大概一個星期便逐漸振作，教育學家張伯苓講過：「人可以有霉運，但不可有霉相。越是倒楣，越要面淨髮理，衣整鞋潔，讓人一看就有清新、明爽、舒服的感覺，霉運很快就可以好轉。」我想我要再多加一句：「有霉運的人一定要走出去，看看這個社會，看看風景，讓自己頭腦隨時轉動，最重要的是，如果有舉手之勞可以助人之事一定不要錯過！」當時我照著這原則，不留在家裡，出門時一定讓自己整齊清潔，雖不至於容光煥發，至少也神清氣爽，讓自己看自己也順眼，順便去曬曬太陽，將感覺神清氣爽，我想這是擺脫低運勢的方法。

後來才知我擁有的太多了，我擁有了很多以前忽略了卻彌足珍貴的東西，我有可愛的家人陪伴，我有一堆好朋友、好同事，我還有健全的身體，更有健康的心靈，太多太多了，我不斷想著，越來越富有，最重要的還是一個看起來老掉牙卻是最珍貴的東西——知道要修行。有人奮鬥了大半輩子，擁有大量財富，卻沒有修行的概念及方法，到老時，不，不用等到老，便將空虛無比，看到的盡是物

質的東西，落入貪著比較，隨著年歲增加，很快的疾病纏身，在電影《非誠勿擾2》中，孫紅雷有一句話特別有味：「不是病來找我，而是命來找我，只能從命。」

太多人隨波逐流，無法當命運的主宰，追求的始終是虛幻不長久的東西，這段時間裡，經由閱讀經典，學習修行領略了這些道理後，覺得失去工作這件事情根本微不足道。

## 工作遇瓶頸、道業隨增長

在求學階段，有機會參加學校的佛學社團，那時懵懵懂懂，跟著共修、跟著上課、跟著參加許多活動，就這樣一路畢業。

出了社會開始工作，受到很多的世俗的影響，逐漸將信仰置於一旁，於是很快的跟一般人沒什麼兩樣，也學會計較、和人衝突、甚至自私自利，在工作上只想要平步青雲，受到賞識，汲汲營營，從中其實也造了許多惡業。

人難免受到生活影響，被俗世干擾，如果生活與工作順遂很容易狂妄，認為自己就是天，自己就能搞定一切，這時候便離神佛越來越遠，也會為自己找藉口，別人沒有信仰也一樣飛黃騰達，偶然看見有信仰的朋友，尤其是非常虔誠的朋友，在工作上時時不如意，卻依然樂觀面對，

逆來順受。兩者相較，只能為自己過去在信仰上薄弱的認知感到汗顏。

　　有位法師說過，低潮反而容易激起道心，會開始思索人生方向，會關注以前沒有注意過的事，為何會遭人嫉、如何減低煩惱……等，慢慢才又拾起經典，解除心中疑惑，更進一步重新接觸宗教，依教奉行，回到修持正軌。因此，從這件事來看，有時候事業成功不值得羨慕，事業失敗也不一定妄自菲薄，換個角度想，因禍得福，讓人生大轉彎，出現更有意義的事情讓自己做也是可喜可賀的事。

　　自身經歷過許多挫折與不如意，然後重新接受信仰，一門深入後回想起這一段才發覺自己對於信仰的無知。和大多數無明眾生一樣，求神拜佛只是為了要讓自己生活好過，求財求富、永保安康，這樣無異是以貪念佔神佛便宜，沒有付出就要獲得所有的功名富貴，後來漸漸明白，神佛的確可以讓自己獲得功名富貴，求財得財、求名得名，但是有方法的，如果習得了這些方法，就會知道這些神佛的智慧與慈悲，遠大於我們所想像的，給予我們的也遠大於我們所求的，在心靈上也得到了富足，有了正確的方向，不再患得患失，這是最大的收穫。

## 【修行日記】
### 逆境剛好可以消業障

　　碰到逆境時，每個人對治逆境有不同方法，以前曾經在一家公司，努力奮鬥了十幾年，只因為老闆找了外行人來管理，便將我們這些老臣一一解聘，當時莫名其妙被公司裁員，當時心中充滿了怨恨，怨恨小人太無情，怨恨上天對我太不公平，自己無端被犧牲，種種的積怨在心中縈繞不去，這一段時間自己跑到山上去禪修，也獨自進行了幾次的小旅行，慢慢地從自己內心改變，將許多事情放下，其中有段經歷令人玩味。同事拉著我去卜卦，聽著相師說著只能當參考的卦象與預言對我自是興趣缺缺，但其中有句話卻印象深刻：「……以後你會感謝這位害你的人！」當下丈二金剛摸不著頭緒，但事後想到：「塞翁失馬，焉知非福！」這道理，我決定讓時間來證明這一切。

　　曾經也以鄉愿的思維解釋這一切，認為這位害我的人就是因為前世我害過她，這輩子註定要償還，還完就沒事了。看官！如果這樣可以稍微舒緩自己鬱悶心情也是不錯的方式，我們普通人

未能看到三世因果不代表沒有發生過啊！

在家裡這段時間換來的是許久未見的家庭和樂，過去工作繁忙早已忽略了家庭這一塊，現在多了和太太小孩相處的時光，孩子整天唱歌跳舞耍猴戲，把我逗得呵呵笑，過去損失了太多笑容，太多美好時光，這時剛好可以盡情揮灑逝去的青春，帶著家人去旅行，這不是福氣是什麼？

沒有工作後許多事物也由於越來越明朗，以前對於事情的判斷常用自己所處的角度與職位主觀認定，現在跳出來後較能客觀認定，許多繁雜紛擾也拋諸於後，期間我常至圖書館閱讀大量書籍，也寫下許多自己的心情，漸漸由失業的低潮中走出來，但我也聽過許多朋友失業走不出來的例子，漸漸失去鬥志，因此，奉勸這樣的朋友，一定要走出去，不要待在家裡，可能許多人認為出去就會花錢，這對於失業的人來說是個致命傷，於是躲在家裡認為這樣便花不到錢了，但是躲在家裡真的不是個好決定，除非意志堅定能夠自持的人，在家裡依然能夠奮發向上，獨處依然能夠有顆明亮積極的心情，懂得如何安排生活，如果不是這樣的人，還是出去曬曬太陽，接近人

群。其實有許多地方是不花錢的，就像我說的圖書館就是很好提升自己的地方，要書有書，要網路有網路，帶著筆記型電腦可以耗一天，不花一毛錢，也有一群人好像是自己的啦啦隊，一直鼓舞著自己前進，真的一舉數得。

另一方面，自從離開公司後，許多以前的同事還是持續連繫著，因此仍然得知公司現況，主事者的方向完全與主流背道而馳，業績大不如前，整個公司陷入前所未有的風暴，管理不當導致怨聲載道，分崩離析，人員紛紛離開，我常自忖慶幸的我猶如處在一艘即將滅頂的船上先行跳船，實在是不幸中的大幸。

由於自己的口碑還不錯，被另一家公司網羅，這家公司不如我的原公司規模大，屬於新興公司，但方向正確，可說有其發展潛力，重要的是此公司是我之前老長官成立的公司，之前即有良好的默契與合作的模式，在這樣的機緣下進入了這家公司，初期薪水雖不及原來公司職位，但工作氣氛愉快、人員鬥志高昂，和原公司形成對比，我想光是這些的利基就夠了，有前景有發展比什麼都重要。

回想起來，我得到一個結論，遇到挫折時一定要化悲觀為樂觀，不要都往壞處想，如果一直往壞處想就會成真，相反的，有一得必有一失，當然有一失便必有一得，人生每一段都有其意義，現在的這一段看起來是失落，但其實是沉澱自己。不要太患得患失，對於得勢的人不要羨慕，對於失勢的人不要落井下石，本來對於前公司目前的窘狀本有冷眼旁觀，沾沾自喜的態度，自從學了這些神佛行誼後深感懺悔，這念頭萬萬不可，仍必須以慈悲心看待，希望原公司仍能大展鴻圖，生意興隆。《當和尚遇到鑽石》作者麥克羅區特別指出，當遇到公司內部持續爭論不休時，應該避免對公司的任何人心懷惡意，並且幫助他人恢復友好融洽的關係。因此，自己也逐漸明白，比起神佛的深奧大理，世間法原來是很簡單的道理，只要心懷正行正念都有路可走。

## Chapter 6

# 加足馬力
# 累積資糧

不要悲傷，你失去的任何東西都會以另一個形式
回到你身邊。（Don't grieve. Anything you lose comes
round in another form.）——土耳其詩人 魯米Rumi

# 布施積福的重要

　　理解了業力的各種運作法則後，接下來便是努力累積福德的時刻了，不論前世我們的業力如何，這輩子我們找到了正確方法，朝著目標精進修行是絕對錯不了的。

　　我們都希求富貴人生，富貴通俗的解釋即是，取之不竭，用之不竭的財富，物質的豐足，信手拈來各種物質享受應有盡有。但是一位真正看透人生的智者卻有不同的詮釋。以心懷感激的心情，以最自然的情境追求內心的平安、健康，並時時希望周遭的環境及人們也和自己一樣獲得平安健康，這就是富貴。

　　夢參老和尚說：「布施就是捨！捨得、捨得，你捨就能得，這二字看似連繫的，其實是分開的……捨了就得，不捨不得，捨得捨得，要做布施！」

## 跨越時空的財富大業——布施

　　所有的有錢人要嘛不是在前世，不然就是在這一世有積極從事布施的行為，因此這個定理簡單又很清楚，要有錢就要先付出。我們來看看以下這一幅圖：

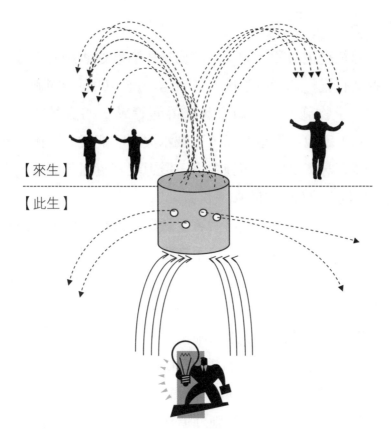

　　這一世所有的布施都會忠實記錄下來並像逆向的泉水往上流進入一個大的轉輪中。這是個神奇的轉輪，透過不可思議的因緣，可以將布施的力量變成極大，然後在未來世以千百倍的力量落在自己以及子孫身上，就如同一顆小小的種子，經過各種光合作用便可長成一顆大樹，開花結果，力量不可思議。當然也有一些在這一世便熟成結果，布施者直接獲得福蔭。

　　　　　　　　　　　　　加足馬力累積資糧　**Chapter 6**

佛陀是這麼開示的：「善男子！有智之人施有五種：一者至心施、二者自手施、三者信心施、四者時節施、五者如法求物施。……如法財施得何等果？如法財施所得果報如先所說；得是財已，王賊水火所不能侵。」換句話說，其實財富是要從布施中得，這道理其實在其他宗教也有異曲同工之妙，如奉獻、供養。

　　至心施說的是，應該懷著至誠的心態來布施，而沒有夾雜其他不清淨的目的。自手施說的是，不假手他人而親自去布施。信心施說的是，這個布施人對於布施法的因緣果報，是有一定的信心。時節施說的是，隨著對方需要幫忙的時候，就伸出援手來布施給對方。最後一個如法求物施說的是，施主所布施的財物要如法而得。

　　佛陀還說：「若施畜生得百倍報，施破戒者得千倍報，施持戒者得十萬報，施外道離欲者得百萬報，施向道者得千億報，施須陀洹得無量報，施斯陀含亦無量報，乃至成佛亦無量報。」

　　說了這麼多，如果仍然捨不得將口袋裡的錢拿出來布施，不妨轉個念頭。大部分的人們將賺來的錢存進銀行才心安，但有個故事是這樣的：有一對夫妻不眠不休工作，努力存錢存到100萬時便設定下一個目標，繼續存到200萬時又設定下一個目標，如此到了300萬、400萬，一直到

500萬時丈夫剛好得到癌症，於是這些錢正好用來治療癌症……這對夫妻感嘆命運造化人，因此建議現在開始可以將一部分的錢存進「未來福分銀行」，這是個神奇的銀行，存進去後可以在未來以成倍或數十倍甚至百千萬倍取出來，而且附加了福分，這次何等划算的交易啊！

註：須陀洹，證得初果的聖人；斯陀含，證得二果的聖人。

# 6-2

# 布施的正確觀念

## 布施會讓整個世間的輪子轉動

　　一個上了油的齒輪，牽動一個，再牽動另一個，本來毫不相關的齒輪因為緊緊相依而運作了起來，只要力量大，不論接多少齒輪照樣運行。一個小的善行傳遞的力量其實無遠弗屆，就像蝴蝶效應一般。相反的，小的惡行影響也會無比巨大，端看自己的心態如何了！

　　土耳其詩人魯米因此說：「不要悲傷，你失去的任何東西都會以另一個形式回到你身邊。」布施這道理恰巧與業力循環成為良善的合成體，牽動著眾生相續相依的神祕力量，也因為這股力量讓宇宙法則的運行呈現一種公平的現象，有朋友認為布施似乎是無稽之談，因此堅決不布施，結果還是以其他方式花了這筆錢。機車壞掉、動了一場小手術、親人忽然失業急需周轉……等，業力不可思議，其實都以各種形式呈現在日常生活中。

## 布施的全新視野

　　簡單來說，布施就是為別人著想，全心全意為別人著想，不是只有一點點，而是全天候為別人著想，如果開

始有這樣的想法，會發現人生從此改觀，一種很不一樣的感覺，例如去外頭吃飯，隨時會想幫人夾菜，吃完會想收拾餐具，讓他們看起來整齊些，到外頭，走在路上看到垃圾，會撿起來，然後找到垃圾桶，精準丟進去，呵！這是以前從來不會做的。

我漸漸能夠體會神佛菩薩的行為思想，隨時隨地拯救眾生，哪裡有難哪裡去，也就是，沒有為了達到特定目的行善，正是布施的最高境界。

有一天我走進一家超商想要買杯咖啡，裡頭只有一位店員，正在櫃台處理事情，我輕輕說：小姐！我要買一杯中杯熱拿鐵，說時遲那時快，這位店員正好將櫃下的門重重關上，讓它發出巨響，同時狠狠瞪了我一眼，心想：這位小姐吃錯藥了或剛好姨媽來了？但內心立刻升起「布施布施，我要布施給這小姐！」於是用我招牌的笑容，這次笑得更燦爛，好讓她看見最和善的我，當她開始用咖啡時，我就如同小鳥依人在旁溫柔等待，讓她感受到我的溫度，如同陽光般和煦，當咖啡用好時，交到我手上我連忙鞠躬哈腰，嘴角揚起最深的V字，吐出：感謝感謝，連四聲的感謝，彷彿全世界只有她對我最好了！當我正要離開時，聽見微弱的聲音由後方傳來：「不客氣！謝謝光臨！」之類的。

我感覺讓她升起信心，難怪星雲大師提倡「給人信心，給人歡喜，給人希望，給人方便」這四給，就是最簡單樸實的布施。

## 什麼是真正有福報

好幾年前我有位朋友經營一家公司，有次閒聊談起福報這件事上頭，我說：「余兄，你福報真的很大，生意做這麼大，開名車住豪宅，吃好用好，妻賢子孝！家庭幸福美滿！」這位老兄聽了頗為得意，頻點頭喜悅之情溢於言表。但這兩年這位好友生意遭逢巨變，大量的財富化為烏有，成為人人喊打的過街老鼠，和當年的意氣風發完全兩個樣。

開始研究佛法後，漸漸有了一些心得，得知真正有福報並不是一般世俗的觀感，應該是要更提升一個層次來看。凡是物質的東西都會變化，越是想要掌握越會溜走，想用各種方式恢復原來的福分也不見得有效果，如果將這些物質誤以為是擁有，帶來的將會是煩惱、困頓，也就是說，要擁有財富先要有一個觀念，財富無法一直守住，有出才會有進，就像一股流動的水，前水走後水才進，即使藉由外力暫時給某人福氣，若這福氣他無福消受，給他一大筆財富也無法享用，例如拿到財富後，立即發生災難或

生一場大病。

　　再者，要看清楚擁有的財富隨時會消失，因此，並非擁有越多越好，而是應建立「有水當思無水之苦」的觀念。真正有福報是在享福的同時不忘無福時的痛苦，在享福的同時不忘繼續為自己添福，才有辦法讓福氣長長久久，才不致產生「入不敷出」、「捉襟見拙」的窘境。而最可惜的是有福報卻沒有再將之發揚光大往善的境地發揮，就這麼揮霍耗盡了。

　　要培養福報，可以從幾件基本的事情做起，第一、嘴巴講好話，不要常講損人的話。記得以前小時候家裡開早餐店，我記得可能只有小學一年級，在媽媽開的早餐店裡玩，一位客人來，說：「老闆娘，妳這個小孩不乖啦！小孩不乖就是要打！」（躲在一旁乖乖玩耍的我究竟招誰惹誰了！）還好我的慈母只有笑笑，沒有真的拖出來毒打給客人看！（畢竟我是個乖小孩嘛！）講好話也是一種布施，是最簡單簡潔的積福方式，而損人的話則易損自己的福德，將自己累積的資糧耗掉。

　　如果心有餘力，則一點一滴累積資糧，累積資糧有很多方法，比如守戒、放生、布施、念咒等等。守戒、放生或作其它善行，在佛陀誕辰日時其功德更是會倍數地增長；而日食、月食出現的時候，無論是念經、放生或作任

何善行，都有極大的功德，這是特殊的積累資糧的方法。

## 修持的正確態度

就如同投資，沒人能保證會有賺頭，有時本來一批貨進來，確定能賺，但碰到匯差，或貨品不良率太高，不只沒賺頭，還虧了一大筆錢，因此投資不一定會賺，但善行這件事是一定會賺的，只是時機何時成熟而已，因此比起投資，善行獲利的機率更大。

也有人問道：持咒念佛要修多久才會有感應？然而許多人持續不到幾個月便退轉了，充其量只是玩票性質的學佛，怎樣才是正確的修持呢？佛說四十二章經提及：沙門夜誦迦葉佛遺教經，其聲悲緊，思悔欲退。佛問之曰：「汝昔在家，曾為何業？對曰；愛彈琴。佛言：弦緩如何？對曰：不鳴矣，弦急如何？對曰：聲絕矣。急緩得中如何？對曰：諸音普矣。佛言：沙門學道亦然，心若調適，道可得矣。於道若暴，暴即身疲。其身若疲，意即生惱。意若生惱，行即退矣。其行既退，罪必加矣。但清淨安樂，道不失矣。」

以上的道理正好反映了修持的正確態度，就如同調整琴弦，太鬆則懈怠懶惰，用力過猛則身體僵硬，內心升起煩惱，而生退墮之心不願修行，因此修行應當不疾不徐，

將自己的心處於柔軟慈悲的中庸之道，如此就較不易心生煩惱而退失修道之心。

假如布施1,000元給路旁的拾荒老人，覺得他很髒很臭，丟著即溜之大吉，和恭恭敬敬給這位老人，即使身體髒臭以不在意，好像對待自己的父母一般，這樣的功德是差很大的

此外，自己只有100元的財產，卻布施了80元出去，和有10,000元財產布施了800元出去，兩相比較仍舊不同，雖然80元比800元少，但在心量的寬廣度卻是不同的，由此可以了解，布施並非看數字的多寡，窮人的心量有時往往比富人大上千百倍。

加足馬力累積資糧　Chapter 6

# 布施的幾種方式

在佛教的布施主要分為三種，財布施、法布施、無畏布施。

財布施，又有二類：

外財布施：金錢、物品方面的奉獻。

內財布施：血液、器官等的捐贈，或是當志工奉獻體力、心力。

法布施：布施真理、智慧，以正法去勸人修善斷惡，使人明白生命的意義與價值，自動發心修行、追求真理。

無畏施：解除別人的恐怖和畏懼，也就是布施信心、愛心。讓人心裡得以安穩舒暢。

## 發自內心真誠的布施

布施貴在真誠，有了真摯的心，布施起來事半功倍，這是布施的第一步，也是最重要的基礎。

（1）慈容布施：即和顏悅色，對所有人都很和善，看到旁人面臨痛苦憂愁時，用溫暖的言語與態度溫暖人心。

（2）言施：以言語給人自信，讓人心裡頭感受到平

靜、歡喜。

（3）心施：讓別人的心可以得到溫暖，別人遇到痛苦、生病時去安慰他，讓他獲得舒緩。

（4）眼施：佛菩薩慈眼度眾生，對照斜眼、露眼白對人，用慈悲的眼光也可以結善緣。

（5）身施：身體力行，只要是好事，都要有行動力，努力完成任務。

（6）坐施：搭乘公共設施時常常讓座位給人，讓人感受溫暖化解疲累。

（7）察施：設身處地為人想，觀察他人的需求，然後去解決問題，服務人群。


## 行動派的布施

### 一、擔任志工

捲起袖子當個願意真心付出的志工，有時比布施金錢更讓人敬佩，尤其是即將面臨劫數的人來說，擔任志工往往容易化解這些劫數，或者親友遇到災難，從事志工往往有很大的助益，讓災難遠離，逢凶化吉。最近在某活動認識一位朋友，這位朋友告訴我一段自己親身的故事。幾年前有次帶著就讀幼稚園的小孩過馬路，好動的小孩忽然掙開爸爸的手直接往前衝，一輛疾駛的車輛剛好經過……，

　　　　　　　　　　　　加足馬力累積資糧　Chapter 6

這位朋友說來還心有餘悸，表示孩子送到醫院時醫生早宣布已無法急救，但爸爸仍不放棄希望，不斷央求醫生，孩子經過了無數次的手術，總算保住一條命，但仍舊無法清醒，這位爸爸發願要到媽祖宮廟擔任志工，於是辭掉工作，全心全意努力付出，過沒多久這位本來早被宣判死刑的小孩竟奇蹟醒來，現在則已逐漸康復，不知道的人從不知他的小孩曾經歷一場可怕的生死大劫。

這個社會上有太多可以付出心力的地方，近者在左鄰右舍掃地，遠者到公園打掃、撿垃圾，只要有心，有付出，老天爺會看到你的努力，只是，行善要及時，也需要智慧，善行別用錯地方，行善永遠不嫌晚。

二、捐血

如果擔心有血光之災或車關，捐血是個很好的破劫方式，又有益身體健康，一舉兩得。基於強烈助人的布施心態，再度做起年輕時代熱血沸騰的捐血行為，對於20幾年沒有捐過血的我，體會這是布施很好的方式，於是又走進去捐血站，挽起袖子，不，我好像都穿夏季衣服，所以不必挽起袖子，做個開心樂觀的捐血人。

現在三個月一到，體內好像有個自動生理時鐘提醒我該再去捐血了，這時就像吃飯睡覺那樣自然，走進捐血站、自動號碼牌、自動量身高體重、自動量血壓、自動填

那張原本會以為很敏感的表格，幾乎不用看內容，閉一隻眼就勾選完畢，然後再度走進那間小房間，笑嘻嘻面對護理師，一副我就是不怕妳，盡管放馬過來的心情……

然後又過了近三個月，其實離滿三個月還有一天，我卻迫不及待想要捐血，明明理智告訴我未滿三個月，即使捐血站的護理師姐姐看我這麼急迫想捐血也會網開一面，但電腦系統肯定會將我擋住。但體內的激素卻還是將我拉到捐血站前，我已準備上演一場躺在地上鬼哭神號的戲碼，準備來個不讓我捐血老子也不讓你好過的心理。結果，原來護理說距離規定前三天原則上都可以捐。

### 三、捐助或認養弱勢孩童

沒有子嗣或曾經不小心流產的夫妻，可以到各縣市家扶中心、育幼院、世界展望會等單位去認養孩子、捐款或利用假日去關心弱勢的孩子們，對於一心求子的夫妻也是不錯的選擇，對於即將懷孕生子的家庭也適用。

### 四、有錢出錢

擔心破財，最好先捐錢贊助公益團體或機關，花小錢累積福報，以藉此時時刻刻提醒自己關懷別人、感恩別人。

### 五、運動與保健

有病就應該要求醫，當然預防又重於治療，部分身

體健康的問題雖可能源於過去的因，但絕大部分的疾病都是這一世才造成的，自己的健康有責任去維護，建議兩項運動項目：一是游泳，另一個是打太極拳，外在肉體的部分，可以藉由游泳放鬆自己、鍛鍊自己，至於內在的肉體，則可以藉由太極拳等促進血液循環的方式，增進身心的穩定度。

## 隨時可做的善行

善行出自於心中的善念，有了這些善念，加上行動力，便可以隨時做善行，

到菜市場，很多眾生被殺，心中油然不捨，心中默念佛，以前老師曾說，到大海時，海裡有許許多多眾生，也可以對著大海念佛。有次經過一段路，下雨剛歇，路面出現許多蝸牛，便想起以前小時候救蝌蚪的事情，話說小學時在學校經過幾天大雨，跑道的邊邊出現一窟窟的小水灘，過了幾天竟也出現許多小小隻的蝌蚪，但連日的太陽照射，水逐漸減少，於是本來活躍的蝌蚪在水灘逐漸變小的情形下，生命一步步受到了威脅，本來不以為意，某一節下課忽然見到一位學生努力舀著水灘的水，放進學校池塘裡。「原來他是在救這些蝌蚪！」「對啊，我怎麼沒有想到要救這些蝌蚪呢？」於是立刻捲起袖子加入搶救蝌蚪

大作戰。

　　經過這麼多年這幕景象還印在腦海裡，原來自己能力可及的善行帶給我的竟然是無比的歡欣，有了這次的經驗後，往後許多次也遇到類似的情形，都可以毫無猶豫的彎下身捲起衣袖開始一點一滴的讓小動物回到該屬於的地方。

　　這回是蝸牛了，可能大雨過後路旁濕濕的草地讓蝸牛受不了出來到柏油馬路上透氣，唯不懂人類的險惡，過馬路時一輛車便可犧牲一條直線的蝸牛群，但後頭的蝸牛仍前仆後繼，我趕緊停下車來，不管車輛經過，我能救一隻算一隻。

　　現在的我無論在公園散步或在馬路行走，看到地上移動的蟲蟲深怕被踩爛，快拿起身邊小樹枝移走，因此，龍德上師說：「善行是需要有敏銳的觀察力的！」至停車場停車發現有人出場忘記帶零錢正急得發慌趕緊助他一把；路上見著有人的寵物不經意掙脫繩索，眼看寵物亂闖馬路虎口趕緊上前抓住繩索。這類救急是最佳的布施，國外有個名詞：Stranger's kindness，在國外旅遊時，人生地不熟遇事阻礙，陌生人適時提供援助最暖心，因此如果自己能成為他人的陌生人善行是最佳的典範。

　　　　　　　　　加足馬力累積資糧　Chapter 6

## 布施的盲點

### 累積資糧不是頭痛醫頭，腳痛醫腳

累積資糧應該是全面性的，不是只唸唸咒語，然後馬照跑、舞照跳，態度完全沒改變。美國哲學家詹姆士（William James）說：「改變心態就改變生命。」這和佛教「身、口、意」的改變異曲同工。所謂修行即是逐步的改變，直到行為、意念、態度上軌道為止。

### 不如法的布施

佛教有一部專門探討布施的經典叫做《毘耶娑問經》（南懷瑾居士譯註），對於布施的原理和方法有詳盡的解說。佛陀說布施必須是把自己的並且自己也需要的東西施於他人，才叫做真布施。拿衣服、錢財、醫藥品、食物送給人家，叫做外布施；將自己的煩惱全都清除掉，是內布施。給人精神上的安慰，讓其免除恐懼獲得舒適的內在是無畏布施。布施的信心一生起，就必須馬上實行，有時布施是有時效性的，前幾年來了大地震，許多人立刻組成搜救隊，深入災區搶救災民，和時間賽跑的精神令人無比敬佩，這也累積了無量的福德。

雖然布施功德無比巨大，但不如法的布施，功德是會減損的，佛陀列了以下三十三種不純淨的布施：

一、有人邪心倒見，無淨信心而舍財物，如是施者非淨布施；

二、有人為報恩故而舍財物，則非布施；

三、有人無悲湣心而舍財物，亦非布施；

四、有人因欲心故而舍財物，亦非布施；

五、有人舍物與火，亦非布施；

六、有人舍物與水，亦非布施；

七、有人生如是心，舍物與王望王識念，如是舍物非淨布施；

八、有人以畏賊故舍物與之，如是施者亦非淨施。又復更有五種舍物，皆非淨施。何等為五？

九、施毒，非淨布施；

十、施刀，非淨布施；

十一、教人取肉而施，非淨布施；

十二、有人所攝眾生平等施與，和集養育望得其力，非淨布施；

十三、有人為名聞故而舍財物，非淨布施。

十四、有人為歌戲故與伎兒物，非淨布施；

十五、有人年終月盡破散財物，非淨布施；

加足馬力累積資糧　Chapter 6

十六、有人屋舍因緣而舍財物，則非布施；

十七、有人善友因緣，以他財物受與於人，非淨布施；

十八、有人或有田地，或在舍宅，或有穀聚，或有麥聚，鹿鳥所食、鼠等所食，無清淨心非淨布施；

十九、有人為學作故與工匠物，如是施者非淨布施；

二十、有人身有病患，恐命盡故舍物與醫，非淨布施；

二十一、若人打他若罵他已心悔生愧，舍物與之非淨布施；

二十二、若人施已，心則生疑為有報不，如是施者非淨布施；

二十三、若人施已心中悔熱，如是施者非淨布施；

二十四、若人舍物與他人已，如是思量，若其有人取我物者，皆悉屬我為我所秉，如是施者非淨布施；

二十五、若人施已如是思量：「如是施福，唯鍾我身不屬他人。」如是施者非淨布施；

二十六、若人年老舍物而施，又非中年後時病困，死時欲至，脈節欲斷，苦惱所逼欲入死道，無

清淨心，無信淨心，閻魔羅使見之生笑，兄弟諸親啼哭悲泣，至如是時舍物而與，非淨布施；

二十七、若人為名舍物布施，如是我名他國遍聞，某國某城大施之主，彼如是施非淨布施；

二十八、若與餘人迭相憎嫉，見彼舍物多行布施，見已心慢不能堪忍，以嫉彼故舍物布施，非淨布施；

二十九、貪他女故，為種姓故，舍珠舍金、若銀金剛、若毗琉璃、繒絹衣裳及兜羅綿、造作敷具，如是舍物非淨布施；

三十、有人如是思惟：「舍物與人，我無兒息，大富饒財應當舍物而行布施。」如是施者非淨布施；

三十一、若復有人心生簡擇，如是念言：「若與此人則有福德，若與彼人則無福德。」如是施者非淨布施；

三十二、若人布施，舍離貧窮衣裳破壞垢膩之者，與多豐樂大富之人，非淨布施；

三十三、若復有人望好花果，舍物而與，非淨布施。

第一種，是以歪曲的心理、顛倒的見解、無純淨心所施的財物，這不是真正的布施。例如為了討好上司、追女友、餽贈客戶……等特殊目的都是。

第二種，昨天別人送我高級水果禮盒，今天我要還禮；或者他十幾年前幫助過我，現在他有困難我要接濟他，這都不算布施。

第三種，有人施捨財物，不是出於真正的慈悲、憐憫和同情心，而是為了耍闊氣充面子，或純粹是打發人家了事，這不算布施。

第四種，因為自己有所欲求，比如上餐廳對服務生有好感，多施捨了小費，這都不算布施。

第五和第六種，把財物丟到火中或投進水裡，都不能算布施。把財物白白扔掉了，卻不能使別人受益。

第七種，有人送禮給大人物，指望以後可以有所提拔照顧；或者某個大老闆或大人物正在行冬令救濟，自己也湊上一腳，藉以拉個關係，這都不是純淨的布施。

第八種，仇家或盜匪來搶劫，趕快送錢消災，這不是布施。

第九種，送人家鴉片、海洛因、麻醉劑等毒品甚至酒品，這不是布施。但醫生見病人太痛苦，打麻醉針以止痛，這是布施。

第十種，送人家刀械或武器，不是布施。

第十一種，送肉品給他人，那是殺生而施捨給人家，這不算布施。

第十二種，收養了許多孤兒，保護他們，把他們養育長大，但指望他們以後能有所回報，這就帶上先決條件了，就不能說是純淨的布施。

第十三種，為了出名而施捨，不是純淨的布施。

第十四種，為了捧歌星、演員而出錢，這是為了捧歌星的場，不是真布施。

第十五種，有些人破產了，財物轉到別人手裡，這並非出於自願，所以不是布施。

第十六種，假設有間屋子不乾淨，乾脆送給好朋友，或者自己的屋子即將遭到查封，乾脆送給社會慈善機構，這都不算淨布施。

第十七種，有人因學佛知道了布施的好處，但自己沒有錢，就拿人家的財物做人情，這也不算布施。

第十八種，穀麥在田地或穀倉中被鼠鳥等所食，並非有意送給它們吃，不能說是布施。

第十九種，假使我的手機故障了，剛好朋友可以修理，事後請他吃飯，包個紅包給他，是應該付的酬勞，而不是布施，布施是沒有條件的。

加足馬力累積資糧　Chapter 6

第二十種，病人為了獲得更好的照顧，送醫師一個大紅包，這是有求於人而給錢，不是布施。

　　第二十一種，打了人家，罵了人家，自己覺得難為情，然後送東西給他謝罪，這個不算布施。

　　第二十二種，有人布施了之後，心中疑慮人家是否在騙他，或在想人家以後是否會報答他，這都不算布施，因此見路上的出家人或身殘乞丐而布施，就不需再探討是真是假了。

　　第二十三種，有人施捨了之後心痛懊悔，這就不是布施，相反的，若很欣喜的布施才是真布施。南懷瑾先生講了個故事：有個大魔王在地方上作怪，連孫悟空都降服不了。後來從西天佛祖那裡派了個小和尚，魔王根本不把他放在眼裡，小和尚說此行不是來收服他的，只是給他看個東西。說著，從背上黃布包袱裡拿出一本化緣簿，「居士，請你多少寫一筆吧！」那魔王一看，「哇！」就跑掉了。有些人把錢送出去以後，越想越後悔，越後悔越睡不著，「如是施者，非淨布施」。

　　第二十四種，有人布施後便認為對方今後定要報答他。這個就不是淨布施。

　　第二十五種，有人布施後心中仍想我已經布施這麼多了，最後只剩我這身體，絕不能布施出去，這想法並非真

布施。

第二十六種，人到衰老、重病臨死之時，感到痛苦了，曉得時間不長了，同時沒有正念，認為會被閻王使者譏笑，加上親友哭啼悲泣，於此情況下的布施非真布施。

第二十七種，為了名譽而施捨。希望在電視上露面，希望在報紙上廣而告之，希望一切人都感激我，這不是淨布施。

第二十八種，為了互相比較、競爭攀比、嫉妒心而送財物的，不是布施。

第二十九種，為貪女色而擺闊氣，送種種金銀珠寶、綾羅綢緞等貴重東西，那是為了慾望，不是布施。

第三十種，有些人因為自己沒有兒女，所以才願意拿出家產送人，這是做好事，固然不錯，但這還不算是淨布施。

第三十一種，以有無福德來決定布施物件，這樣的布施不是淨布施。

第三十二種，布施首先要雪中送炭，救濟窮苦者，若看上不看下，只做錦上添花的事，那也不算淨布施。

第三十三種，為了鮮花果品而施捨財物，這也不是布施。這是很輕的一條了。

佛教的布施學，這裡每一條研究起來，都是戒律。

上述三十三種不淨布施只是大概而言，經典上記載的還有許多。佛告訴毗耶娑，這些不淨布施，不會得到真正佛道的果報，最多也就是修到仙道的果報而已。佛用種子作比喻，布施作為一種業力行為，等於播種，挾帶不純動機的「垢染布施」，就像種子下到鹽鹼地裡，不會有好的收成。而且，這種子本身的功能（種子界），不但與土地的品質（地界）處在一種相依相存的關係中，還須有陽光、空氣和雨水，才能使種子發芽。種子放在玻璃瓶中，固然不會發芽，但播種在貧瘠的土地上，若得不到雨水的滋潤，也是不能開花結果的。

唯有自己本身存有資糧，這些財神才能幫你，這道理就好像自己如果存的是1，財神來幫忙時便可以相乘，結果便是倍數增加，相對的，如果存的是0.1，那麼加乘效果很有限，如果只有0，那財神的力量再怎麼大，成效依然是0。

# 6-5

# 今生布施今生受，可以嗎？

## 布施的現世福報

　　毘舍離國有一位名叫西訶的大將軍很仰慕佛陀，便來到這座涼亭，他見到了佛陀，立即跪在地上，雙手合掌，額首觸地，然後起身，接著恭敬地坐在一旁。

　　將軍坐定後，便開口問道：「世尊啊，當我們在布施行善時，是否有可能在今生馬上就可見到善果福報呢？」

　　佛陀回答：「可以的，這是有可能的。凡是布施行善的施主，在大家的眼裡是有親和力、有魅力的，這就是布施者行善時立即可見的第一件善報。」

　　「其次，正直之輩與善良的賢者，都會尊敬、稱揚布施的人。能受到正直之輩與賢者的欽佩，就是布施時今生即時可見的第二件福報。」

　　「再者，樂於布施的人，他會善名遠揚。這善名廣傳就是布施時今生即時可見的第三件善報。」

　　「還有，樂於布施行善之人，參與任何團體時，不論這個團體是貴族武士、婆羅門、在家居士、或修行的沙門，他／她都坦蕩蕩，有自信，不扭捏窘怯，這就是布施時今生即時可見的第四件善報。」

　　　　　　　　　　　　加足馬力累積資糧　Chapter 6

「最後，布施者，當他死亡後，會重生於善趣、天界，這是布施時來世的善果福報。」

如果向神明不斷賜求財富，基本上就好像在街上看到的乞丐，以乞食的方式請神明施捨，其心態就像自己就是需要救贖的弱者，神明理應當無條件拯救我，這是一般人普遍的心態，但以「自私」的心情求財並不符合神佛濟助的要件。

為了幫助眾生能夠在現世累積功德、福報，能夠在財富及資糧充裕的情況下，清淨地接觸佛法，不為錢所煩惱、困擾，尊貴的法王慈悲地傳下了能夠快速改變現世福報的殊勝法門——「火供儀軌」。在藏傳佛教火供的梵語稱為「護摩」，藉由將各種供品火化供養給財寶天王，代表最清淨能捨的心，也代表最清淨廣大的布施與供養，經典裡頭記載：「**十年才能累積圓滿的供養，在一次火供廣大的布施可以圓滿。**」也唯有藉由火供的廣大供養，馬上能夠改變財務困境、讓您的資糧俱足，得以心想事成。

## 了凡四訓的啟示——最典型的布施現世報

明朝有一位袁了凡，碰到一位高人把他一生的情況都詳細地推算了出來，前後都應驗了，連細節都非常地準

確，他本來認為既然如此，所有的命運都註定了，做再多努力都是白費，對人生已不抱任何希望，過著消極渾噩的生活。

直到有一天，一位禪師教他積德改命的方法。從此他努力地改過積德並且努力行善布施，每天將每個布施行為都記錄下來，日復一日年復一年。此後，命運就發生了變化。本來沒有兒子結果生了兩個兒子，並且都成了才；科舉考試算來只考第三，卻考第一；本來考不上進士，結果考上；本來作官只能做到知縣，結果卻上升到兵部；本來壽命53歲，卻活到74歲。這是由改變心態做起，所以我們應該從心態入手，從根本入手，根本改變了，枝節就會隨著改變。

# 6-6

# 更加廣泛的布施

## 對「看不見」的眾生布施——施食

世界之大，但真正的世界比我們想像的還大，生靈的分布也非我們所能想像的，尤其是「非人、非禽獸」的部分是我們最不熟悉的，

聖嚴法師說：施食是以佛法的功能，施給一切眾生，作為活命的飲食。眾生分為三類：一是佛教徒（佛子眾），二是一般有情眾生（有情眾），三是所有冥界眾生（孤魂眾）。這三類眾生是包括了凡夫世間的陽界眾生以及冥界眾生。

根據佛經教理，無論我們是否學佛、是否修法，都有很多鬼道眾生在我們周遭，我們肉眼暫時看不到而已。印光大師也說過：「鬼與人混處，無地無鬼，即不招鬼，誰家無鬼乎。鬼比人當多百千倍，人若怕鬼，當積德行善，則鬼便敬而護之。」

所有這些鬼道眾生，都曾經無數次做過我們的父母，也如同現世父母一樣，對我們恩重如山，而這些眾生的境界我們無法想像，在佛經中許多是無法飽餐一頓的，無時無刻處在飢餓中，即使眼前有諸多美食到了嘴巴馬上燒

灼一空化為烏有，有的咽喉極細，食物進不到胃裡，各種各樣的鬼道眾生如果透過我們的施食儀式與咒語的念誦，就能夠好好享用一餐，甚至可直接升天，不必再當鬼，因此，是時候我們以正法甘露好好地回報、饒益他們了。

使用施食儀軌所施的甘露法食，是用七粒米及一小瓶淨水，作為代表，真正的意義是讓鬼道眾生得到智慧、解除苦惱、增長慈悲、同修福報。使每一位有緣的眾生都能得到佛法的救濟，叫作得到解脫苦惱的甘露之藥，又稱為甘露法食。

《佛說救面然餓鬼陀羅尼神咒經》裡面記載的方法，經云：

佛言阿難。若欲作此施食法者。先取飲食安置淨盤器中。誦此陀羅尼咒食七遍。於門內立展臂戶外。置槃淨地彈指七下。作此施已於其四方。有百千俱胝那由他恒河沙數餓鬼。於一一餓鬼前。各有摩伽陀鬥四斛九鬥飲食。如是鬼等遍皆飽滿。是諸餓鬼喫此食已。悉捨虛身盡得生天。

佛陀教阿難誦「變食真言」，可令飲食變少成多，從七粒化成無量。又教阿難唸誦「甘露神咒」，讓水變成甘

露。這是佛陀在世時，施食的開始，也就是說，最簡單的施食法是只要唸〈變食真言〉七遍就完成了，完全不需要唸其他的任何咒語！

## 簡單的方法

依據海濤法師的方法，非常簡單，每個人都可以進行。

### 步驟一

準備二個小紙杯或容器，一杯裝水，一杯裝水後加入七顆米粒或飯粒，或是用麵、飯、粥。記住挑選七顆米必須是完整沒有破損的米粒。

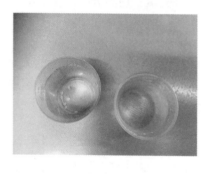

米粒加水盛滿一杯　　水盛滿一杯

### 步驟二

對食物先唸以下咒語：

（1）嗡啊吽（ㄏㄨㄥ）

（2）六字大明咒：嗡嘛呢唄美吽

（3）普召請：南無部部帝唎 伽哩哆哩 怛哆誐哆耶。

（三遍）

（4）解怨結：唵 三陀囉 伽陀娑婆訶。（三遍）

（5）開咽喉：（點點水）唵 步步底哩伽哆哩 怛哆誐
哆耶。（三遍）

（6）變食咒：南無薩嚩怛他誐哆 嚩嚕枳帝 唵 三跋囉
三跋囉吽。（三遍）

（7）甘露水咒：南無蘇嚕婆耶 怛他誐哆耶 怛姪他 唵
蘇嚕蘇嚕 鉢囉蘇嚕 鉢囉蘇嚕 娑婆訶。（三遍）

（8）七如來名：南無多寶如來、南無寶勝如來、南無
妙色身如來、南無廣博身如來、南無離怖畏如
來、南無甘露王如來、南無阿彌陀如來

步驟三

將食物放置於陽台或戶外，唸以下：

（1）汝等鬼神眾，我今施汝供，此食遍十方，一切鬼
神共。願以此功德，普及於一切，施食與鬼神，
皆共成佛道。

（2）施無遮食真言：唵 穆力陵 娑婆訶（三遍或七
遍）

（3）普供養咒：唵 誐誐曩 三婆嚩 伐日囉斛。（三
遍）

　加足馬力累積資糧　**Chapter 6**

（4）彈指七遍，將飲食撒布於地上。

其實施食最重要的還是在「觀想」，依誦經咒後，透過觀想加持，將米粒及甘露水，施食與餓鬼道眾生，乃至遍於一切眾生悉皆飽滿，並為他們說法。念誦儀軌的同時，觀想眼前水及米粒化為無量無邊的美食，包括精美的食品、甘甜的飲料、美麗的衣服房子等等，應有盡有。這些全是佛菩薩加持而成的甘露，將這些甘露布施於所有的六道眾生，所有眾生能夠各取所需，盡情享用。

當然，發心一定要正確，這裡有幾層含義，一是要具足慈、悲、喜、捨四無量心，如果厭棄魔鬼、討厭和害怕他們，而認為亡靈、中陰身更加可憐，就不是平等的慈悲了。二是信心和誠心，要堅信借助正信施食的力量肯定能夠利益他們，然後是發自內心地真誠地為他們修法並如法回向，希望他們及他們的怨親債主都往生極樂，而不能有「施食煙供有很大功德，所以我修了之後他們就會來回報我……」之類自私的想法。

# 對「看不見」的眾生布施 ——煙供

## 煙供法的緣起

當一千二百多年前藏王赤松德贊欲建一座寺廟來弘揚佛法，但是白天蓋廟晚上卻被妖魔鬼怪破壞，蓋了很久卻一直蓋不好，於是藏王請來法力高強的蓮師。大家以為蓮師會跟妖魔鬥法，但是蓮師卻收集了許多香樹木、松樹、食物及好看的物品，等到晚上，將這些物品燃燒，同時配合經咒供養這些妖魔。妖魔們感受到喜悅心情，便盡心盡力幫忙蓋廟，工程反而提早完工。而這廟便是西藏的第一座寺廟－桑耶寺，至今仍是西藏重要的佛教寺廟。

因此在我們周圍的無形眾生藉由吸收適當的煙氣可以受到很大的加持，進而去除心靈的瞋恨心，生起菩提心，不再傷害眾生，這是和無形眾生結善緣最好的方式，是一種大布施。

加足馬力累積資糧　　Chapter 6

### 煙供方法

**1.點香**

一般來說煙供的香大多是特製的粉狀香，可堆成小尖堆狀或長條型，點燃香後置於屋外或陽台上。

**2.三皈依**

雙手合十，默念祈請十方法界眾生「皈依佛、皈依法、皈依僧」（三遍）願此香供遍十方，並持續觀想許許多多的無形眾生都在我所點的煙中各取所需，祈請佛菩薩清除所有眾生的業障，使眾生離苦得樂。

**3.持咒108遍（至少7遍）**

可唸六字大明咒「嗡嘛尼貝美吽」，或唸「嗡阿吽」或「嗡阿吽 班雜咕嚕貝 瑪悉地吽」，持咒時觀想香煙變得很大……比城市大……佈滿天空……比地球大……觀想所有眾生在煙供香中各取所需，得到滿足的情景。

**4.迴向**

默念願以此功德迴向六道眾生，離苦得樂。

## 自製煙供粉的方法

一般來說上供諸佛菩薩和下施給鬼道眾生的煙供粉成分相似，主要是三甜、三白、五香、五藥、五穀粉及五色布*，這些各有其含意與作用，但供給諸佛菩薩的主要還加

了甘露丸粉末。

三甜為白糖、紅糖、蜂蜜。

三白為麵粉、牛奶粉、白乳酪。

五香主要為白胡椒、肉桂、八角、丁香、茴香籽等。

五藥主要為肉桂、花旗蔘、甘草、白芥子、百香粉等。

五穀粉主要為小麥、糙米、紅豆、綠豆、薏仁等。

五色布主要為棉製的藍、白、紅、綠、黃等五種顏色布。

在製作煙供粉時，有幾種材料是不能用的：（一）有毒或是過期之敗壞物品，而且我們吃過的東西不能供。（二）黑白芝麻代表「業障」不要供。（三）麝香不能供，會傷害到龍族，使之喪命。（五）紅花不能供，會傷及孕婦怕會流產。

這些材料一定要炒過才行，否則容易點不燃，炒前可先加點花椒、鹽巴下去炒，可防蟲。最後加上五色布即可！此外煙供的香爐上供諸佛菩薩和下施鬼道眾生的要分開，上供的可為金屬香爐；下施的則為陶瓷的香爐。

修煙供的地點在自己家裡或辦公室、店面、寺廟大門，甚至陰濕穢雜之處都可，盡量以戶外為宜。但最好能面向壇城、佛像煙供比較好！

1

將香粉盛滿錐形容器或小玻璃杯中（勿刻意擠壓香粉），然後輕輕往地上敲使其密實。

2

將整個容器慢慢往爐中倒立。

3

倒立後輕輕敲容器表面。

4

慢慢移開容器，香粉成為柱狀。

5

柱頂撒一層純檀香粉，使其容易燃燒。

6

點燃香粉。

7
確認熏香菸緩緩上升。

8
蓋上爐蓋。

註：
1. 許多人常碰到一個問題就是，香粉放進容器中，然後容器倒立準備讓香粉呈直立狀，當容器慢慢移開時，香粉不是倒掉就是仍繼續留在容器裡，無法形塑一個美觀的圓柱體。這時有一個訣竅：容器裝粉時千萬不要還用手去擠壓，因為外力擠壓只會讓香粉不好脫離，只要用盛滿香粉的容器還沒倒過來前輕輕敲地上，這時會讓香粉逐漸密實，但同時因為密實的結果，香粉可能剩八至九分滿，這時再補滿香粉即可。
2. 如果發覺香粉點不燃，上面撒一些純香粉或檀香粉便容易點燃了。

## 施食、煙供的正確心態

　　不要覺得施食或煙供很難，這是心態的轉變，現在每次去路旁或野外施食時，念著這些咒語，都想著這些眾生和我們一樣，希望得到溫暖，而非乞食的感覺，若能將心比心便感覺這些都是我宿世的重要關係人，當他們獲得溫暖與依靠，自然自己的心情便無比舒暢。

再度強調，如果抱持對這些鬼神施食後，他們應當有所回報，帶給自己榮華富貴，這樣的心態不僅不正確也容易招來不好的結果。抱持這樣心態的人其實已經落入貪的境地，將這些鬼神視為自己僕人或使者，好像拿錢辦事這樣的對價關係，這不是真佛法也不慈悲，以這樣心態來施食煙供基本上容易落入得失心，不是真布施。煙供是無償的布施與眾生，就好像有人在家門口放一壺茶水供路人解渴，幫助附近或是路人，不求回報，長期下來這樣廣結善緣，和鄰近的關係總是比較祥和。

## 6-7

# 布施的更高境界——不著相布施

### 應無所住，行於布施

《金剛經》裡有一句：「菩薩於法，應無所住，行於布施」，其中應無所住就是修慧，行於布施就是修福，也就是說成為沒有特定目的的修福修慧，是無上功德。一般人布施是為自己求福、賺大錢、父母身體健康、子女平安和樂、親朋一切順利⋯⋯對象狹隘，因此福報有限，這是有相布施。如果做了功德後迴向給一切眾生其意義與作用又不同了，為何佛陀要我們不要設定目標呢？這裡我們由另一個面向來思考，沒錯，布施會得福報，但如果沒有開展出解脫無漏慧，愈多的福報只會讓人們在五欲六塵中沉淪的更深而已。

布施原是為了去除慳貪，如果布施還求福報，那不是反而增長慳貪，本末倒置。放不下，才會讓業力拖著我們走。所以，佛陀要我們布施，就是要去除我們的執取之心，放下一切世間的假相，讓我們得到究竟的解脫。

《金剛經》云：「菩薩於法，應無所住行於布施，所謂不住色布施，不住聲香味觸法布施。」提起內在最恭敬、最歡喜、最清淨的心來布施供養，不計名、不求利、

不為自己。供養完畢，因緣逝去，就要放下這些心念，即使是歡喜的心念也要放下，回歸到無念，這才是真正地以無為法來布施供養！法界無邊，眾生無量，所以迴向的對象也是無量無邊，福德也會無量無邊。

　　培養福報的方法第一個是供養，在家裡最重要的供養對象即是父母，孩子孝順父母天經地義，也是培養福報極為快速的方法。此外，家中如有擺設佛像，每天以虔敬的心供養鮮花或素果，如同供養父母般慎重，如無能力，即使供一杯水也是極為殊勝的功德。

　　第二個是下施，就是對可憐的人布施，貧窮的人，有病的人，還有最主要是對餓鬼。對惡鬼下施的方式前節已詳細介紹。

　　第三持戒，即是培福報，持戒的福報很大，例如清靜守持一天五戒，等於一切眾生都不必擔憂被我們殺害，被我們偷盜，被我們凌辱，被我們欺騙，因此等於是對一切眾生行無畏施，所以福德無量無邊。

　　第四培福報的方法還有發善願隨喜、回向，見他人有功德，經常以善心發願隨喜、回向，即使自己沒有能力，看見別人正在布施，以讚嘆隨喜心也可以得到功德，甚至得到與他人相等的功德，而回向又可以使隨喜所得的功德無盡增長。這樣，隨喜心真實，回向心廣大，有時功德會

超過行善的功德主很多。

## 從稱讚他人做起

想要改變命運要由改變思考做起，想像有種人說話積極正面，例如下雨天：他們會說，下雨天真是詩情畫意，剛好可以消暑，但對於沒有積極正面的人則會說，下雨天真討厭，影響我外出的好心情。

一位朋友獲得高升，有的人表面說恭喜，內心卻不以為然，這樣的心態竟然是一般人皆有之，包括過去的我也是如此，明明對方的升遷對我並沒有損失，至少應該給予真心祝福才對，但我就是忌妒，就如同看了一則新聞，某明星中樂透中了二億，看了這報導並沒有為他感到喜悅，反而心裡產生種種忌妒、厭惡、嗤之以鼻，再瀏覽新聞報導下網友的留言，成千上萬的酸言酸語隨之而來，不約而同呼應了我內心的感受，真的祝福的只有夾在其中寥寥一兩則，其實大多數人與這位明星根本沒有任何交集，卻無法升起祝福之意，何況是有交集的朋友（因為有交集的朋友的好事有可能對自己產生負面影響）。從這件事看來，沒有修持的眾生大部分都犯了習性愚癡、心胸偏狹、忌妒瞋恨心重，直到自己開始有修持後，我為此深深反省，如果這麼一件小事都落入習性當中，過不了關，那還談什麼

加足馬力累積資糧 Chapter 6

發心為別人。

　　一般人對於苦難的人們較容易發起惻隱之心，「無緣大慈、同體大悲」較易生起，而對於得到好處的人卻不想給予讚嘆，其實這兩者同等重要，訓練自己的心性，大菩薩的心量能納百川，也就是希望所有的眾生皆能脫離貧苦、財盈充滿，如果常能讚嘆他人，自己也會得到利益，有所提升。

## Chapter 7

# 我可以
# 中樂透頭獎嗎？

知足使窮人變富；不知足使富人變窮。

——美國政治家與科學家　富蘭克林

# 樂透的原理

　　每個人都想中大樂透，但若是以因果業力的道理解釋，就不難發現，中樂透的人肯定有原因，絕不會無緣無故掉下這些財富，一般人只有看到表象，認為中樂透的人運氣太好了，卻不知道「運氣好」包藏著廣大的道理。事實上，中樂透只有幾種原因：

（1）前世累積的福德：也就是說前世已經施捨了很多財寶和善業出去了，這一世當然會回到自己身上。

（2）這世努力造作的福德。

（3）預支未來的福德：如果前世沒有累積很多資糧，就只能靠一些方法讓自己快速累積福德，然後中大獎。

（4）祖上積德：由於祖上有厚德，庇蔭到子孫。

一般來說上述四種原因也並非全然單獨存在，前世若已累積一定的福分，今世繼續做善事累積，到了臨界點便一次傾洩而出。舉個例：水上樂園裡常看到的一個現象，高高的滑水道旁掛著一個狀似大水桶的容器，這水桶不斷的注水，等到水滿時瞬間一個翻轉，裡頭的水立刻傾盆而下，樂透便如同此理，所有因緣到位，「轟」一聲中了。

　　中了樂透頭獎如果以另一深層意義來說，是有軌跡可循的，是沒有驚喜可言的，因為那可能是過去世這些人都欠你的，這世要來還你的，若過去世大家沒有欠你，那未來世就要把這些錢還給大家，因為這樣才符合天地運作的道理，因此如果中了獎，這些獎金只不過是剛好從別人那裡借來的，以後必須還給人家；或是別人過去欠你的，現在還給你而已。而借或還的形式不一定是金錢，可能是各種人情或施捨，可能是知恩報恩。

　　下圖可以說明前世累積的善業到了這世得到的利益。

我可以中樂透頭獎嗎？　Chapter 7

| 前世 | ⟶ | 今世 |
|---|---|---|

【前世做的善事】

1.捐款給孤苦院，嘉惠院童。

【今世可能的結果】

生於富貴之家，身強體壯，工作順利，長壽平安。

2.施捨稻米給窮人。

3.捐款救助地震受災災民。

父慈子孝，兄友弟恭，家庭幸福美滿。

4.捐款救助水災災民。

5.規勸欲自殺者免於自殺。

6.至流浪狗之家擔任志工。

7.成立清寒獎學金幫助學童。

中樂透大筆獎金。

8.時常供養佛神、菩薩等。

9.時常施食或煙供給廣大眾生。

…………

## 隨喜讚嘆他人布施的功德

這是以最簡單的道理來分析中樂透原因，類似愛因斯坦的物質不滅定律，以前做了什麼事以後就會開花結果，以前做了多少好事，以後就會還回自己身上。這是業力的基本原則，但有人會說，這樣的理論對於前世為貧窮者不公平，因為前世只有有錢人能夠積福德，貧窮的人根本無法再花錢幫助他人，佛陀於《優婆塞戒經・卷四》中說：

善男子！如人買香：塗香、末香、散香、燒香，如是四香，有人觸者、買者、量者，等聞無異，而是諸香不失毫釐；修施之德亦復如是，若多若少、若麁若細，若隨喜心、身往佐助，若遙見聞心生歡喜，其心等故，所得果報無有差別

如果有人買香，不管屬於塗香、末香、散香，或是燒的香，這些香不管有人來觸摸它，或者買它，或者衡量它，只要有靠近聞到的香味都是一樣的。布施的功德也是一樣的，不管布施多或少、粗或細，若是以隨喜的心情或是身體力行幫助別人布施，甚至因為遙遠無法親身前往協助布施，聽見他人布施而心生歡喜讚嘆，這些心都是相等沒有差別的，所得的果報功德也是無有差別的。

也就是說如果看到有人正在布施，過去協助他，讚嘆他，生歡喜心，這樣的功德和這位布施者無異，可見不是比較誰樂捐的多，而是自己的心念最重要。此外，如果有位富有的人總財產是一千萬，拿出了一百萬來布施，和一位貧窮的老人，家徒四壁，拿出僅有的一盞油燈來供佛，這樣仍是老人的功德較大，因為心的緣故，老人願意將僅剩的財物拿出來遠比千萬兩金都殊勝。

在西藏地區很多人有一種觀念，賺了100元，先拿70元供養了寺廟，只留30元給自己花用，花完了再去賺，為的是什麼，為的就是下輩子生到好人家，享受榮華富貴。這是寄望於下一世的做法，那麼有沒有可能獲得「現世福報」呢？答案是有的，了凡四訓一書裡所提的都是現世所發生的。

## 預支未來福德

由於絕大多數人都不知道自己前世發生了什麼事，因此不知道有沒有福報因緣中大獎，如果大家都知道，那麼所有博弈行業都要關門大吉了。因為知道自己有福報的人肯定要去好好賭一番，將錢贏回來，而沒有福報的人也不會去賭了，因為知道自己一定不會中。

預支未來福德乍聽之下有點不可思議，但這是真實的，就好像貸款買了房子或車子，再以數年或數十年時間一點一滴將貸款還清，即是「先享受後付款」的道理，或是把後面的錢往前挪用而已。只是這裡有一個問題，即是未來到底有沒有福德可以讓我們預支呢？諸佛菩薩是慈悲的，先肯定大部分的人都會努力累積福德，當然有少部分的人心態不正確或者業障過重，無法預支福德，就好像一個人要向銀行貸款買房，這銀行事先也會透過各種方式評

估這人是否有能力還款，例如過去的信用紀錄、現在的職業、目前手上有什麼資產…等，有些人已經揹了大筆債務基本上無法獲得銀行貸款，諸佛菩薩比銀行還厲害100萬倍，沒問題！

那麼到底如何預支未來福德呢？以下有幾點方法：

### 1.發願

發願是發自真誠的內心，困頓潦倒、走投無路時，靜下心來，好好跟神佛祈求，冥冥中會有不可思議的力量幫助你繼續走下去。但發願並不是毫無節制，無病呻吟或是錦上添花的發願基本上都不會有太大的感應。發願也可以是為了他人而發願，例如有人生重病，祈求神佛加持，這時神佛也會出手幫忙。一般來說，如果發願要中樂透，建議是以發救度他人的善願為主，因此至少必須捐出一半的彩金出來做公益事業，並且明確告訴神佛救度的對象與比例，不含糊、顯決心、願堅定是三個不可或缺的要件，否則神佛都難以幫忙。

我可以中樂透頭獎嗎？  Chapter 7

樂透財富分配範例

| 內容 | 比例分配 | 備註 |
|---|---|---|
| 公益部分<br>・植物人基金會<br>・盲人基金會<br>・流浪動物之家<br>・縣市政府急難救助<br>・供養比丘、比丘尼<br>（捐助教會） | 50%<br>10%<br>10%<br>10%<br>10%<br>10% | 可依實際狀況調整各項比例，但總額不便，若有臨時天災人禍需要救助的部分，以挪用個人部分為主。 |
| 個人部分 | 50% | |

### 2.專修法門

專修一項法門，本書前面章節主要的神佛，無論是藥師佛、大黑天神抑或大梵天王，都是應該認真專修的對象，又或者專修綠度母、六字大明咒、準提咒語等法門，規劃每天的功課，持續不斷，經過一年後通常可見到顯著的改變。

### 3.行大懺悔

大部分的人都不認為自己需要懺悔，因為沒犯什麼殺人放火的罪業，細數一下自己的過去絕對有更多人還為自己冠上「好人」一枚。但真的是這樣嗎？如果將人的生涯

放大到幾輩子，那麼就很難說了，因為沒人知道自己上輩子到底是什麼樣子的人。

再者，套句我們熟知的哲言「勿以善小而不為，勿以惡小而為之！」因此，小惡依然是惡，許多是我們不經意的小惡，和同事討論事情，順手從他桌子上拿了一枝筆，討論完畢後這枝筆就順手往自己上衣口袋一插，走了，這是小惡；坐上公車人擠人，司機絕沒有看到自己有沒有「嗶」一聲，索性就不拿出悠遊卡「嗶」出聲了，這是小惡；路上撿到硬幣，順手便往錢包一放，這也是小惡；父母叫我吃飯，我隨口一聲：「你們很煩哩！」，這更是惡業。

以前學生時代，某個周末清晨騎著腳踏車徜徉於鄉間小路，當雙腳踩著腳踏板哼著歌曲時，就在前方路上不遠處看到一隻麻雀往下飛，欲停至路樹上，同時一輛車疾駛過去，且這鳥又飛得太低，只見這車像似船過水無痕呼嘯而過，過了幾秒再也不見這鳥的蹤跡，狐疑的我趕緊騎到這樹下四處查看，果然一隻鳥已經躺在那動也不動，無辜的小鳥看來已經氣絕，但殺鳥兇手知道他殺了這鳥嗎？肯定不知的，雖然這是無心之過，但終究還是殺害了一個生命。因此，誰能保證從沒犯這無心之過，如果先不談我們每天所吃的雞鴨魚肉（其實這些是可以避免的），常常被

　　　　　　　　　　　　我可以中樂透頭獎嗎？　Chapter 7

我們不小心踩過的、揉死的、壓死的、夾到的甚至浸死的小動物不知有多少。

靜下心來仔細思維，其實自己犯的過錯多的可怕，幾乎可以堆一山高了（至少我是這麼想的）！誠心為被自己傷害過的人事物懺悔，懇求他們原諒，並且希望他們煩惱解除，獲得安樂。

最後，常提醒自己即使是最微細的貪都不要，不要從辦公室拿任何文具回家；和父母說話和顏悅色；走路盡量不走草坪，避免傷害小動物，現在知道了都為時不晚。

### 4.廣大布施

布施是最重要的一環，本書亦不斷地提及布施的意義與方法，預支未來福德就像一組滾動的齒輪，沒有其中「布施」這個大齒輪的轉動就無法完成最終目標。

其實以上的方式也是大部分的修行人或宗教團體勸人做的，不論是現在世受惠或者未來世受惠，都是有百益而無一害的。如果這一世沒有開花結果，絕對不會做白工導致前功盡棄，而是會累積到下一世再報，因此，心存善念以一己之力多做功德總是不會錯的。

# 用理智回歸樂透本質

　　想像這一期的樂透頭獎，神明決定要給符合資格的人，因此祂便開始挑選了，假設這是一種排名，過去世到這一世福報累積總能量排名第一的這位人士恰好是要以中樂透來開花結果，那麼這人便成為一般人所說的「幸運兒」，不管這人是胖是瘦是圓是扁是貧是富，總之他的因緣就是到了。

　　至於自己排在第幾，何時輪到自己，是否可以插隊擠進前面，在浩瀚無際的宇宙中都有一定的法則，但也有諸多的例外，除了自力，藉由他力來幫助自己是最佳的路徑，因此，恭敬神佛，好好修行是不會錯的。台彩總經理黃志宜接待過無數位高額頭獎得主後發現，高達九成以上的得主都有宗教信仰，且有向神明祈求中頭彩的習慣，讓他不得不相信「有拜有保佑」的傳統觀念；且多數中獎人均認為，自己是因為常做善事，才獲得福報。

## 自力然後得以他力

　　再更深入探討他力的內涵：大部分的人向神明祈求中樂透，對於神明來說，這是人的私慾，沒有白吃的午餐，

這道理人人都懂，神明也懂的，因此很少神明願意幫助這樣的人。雖然這是以理智為出發點的理論，但是神明也懂的如何以慈悲心滿足平凡人的需求，這樣的人必須具備幾個特點，才有可能獲得青睞。

**1.要有做善事的強烈慾望**

平時就有這樣的行動，不是為了得這筆財富才要開始做善事，這樣神明會質疑動機，也會懷疑如果真的讓這人得了，是否真的願意落實做善事的行動。

**2.有一個具體的發願計畫**

假設希望幫助某個弱勢團體，或是某個流浪動物之家，甚至國際性的援助機構，應該不是一大筆錢毫無目的投進去，神佛希望的是這個願望能夠普及於大眾並且是平等無差別的。

**3.必須是無私奉獻的心態**

做善事絕不要想著回報，這樣可讓善行成為一顆種子，進入無止境的法界漩流中，讓種子益發強大。

## 羅馬非一天造成的

中樂透頭彩這件事情是人人有機會，個個沒把握，但事實上中的人微乎其微，這累世不知累積多少福德才能換來這一世的福分。這個原裡就像是滿滿的福德到了這一世

的碰觸點相通時，「蹦」一聲，中了，相反的，有人福德不夠卻對「打腫臉充胖子」的行為樂此不疲，買名車、穿名牌、住豪宅全是以大筆貸款或借錢的方式取得，我幾乎不曾看過這樣的人最終仍能飛黃騰達，相反的，這些人大部分不是窮困潦倒便是妻離子散、百病纏身，因為德不配位的行為消福最快。

想像中了一億，扣掉稅金、手續費什麼的，大約8千萬好了，那麼這錢如何一一規劃出來，仍舊必須記住的一點，這筆錢是意外之財，但在宗教的觀點裡沒有所謂的意外之財，一切其來有自，因此，這筆錢肯定是累世以來的變換而為，得到的人肯定還是必須用等價的東西償還，有時候這種等價的東西可能是健康、婚姻、人際關係，甚至是生命。有一位年輕人繼承了父親的一大筆財產後，非常高興刷了銀行的簿子，確認財產已經進帳，剛步出銀行大門，過馬路即被一輛車撞來當場死亡，這是個活生生的真實故事。

## 投資樂透倒不如投資可預期的生意

根據台彩官方統計，獲得大樂透頭獎的機率為139,800,000分之一，威力彩中頭彩機率為220,900,000分之一，事實上，真正中獎的機率還比官方公布的數字還難上

10倍之多，也就是說，把這項投資放在與10幾億人次一起競爭的賽局裡，若沒有特別因緣或是一股看不見的力量加持，想要中獎幾乎是微乎其微。因此沒有做好準備根本不需要大筆投注在這種賭局中。所謂的準備即是指按部就班學習累積資糧，讓福德逐漸飽滿。

所謂強摘的果實不甜，請相信一件事，如果不是自己應得的，就算獲得了也會由其他的地方損失掉，一夜致富許多都不是自己應得的，因此古今中外很多例子都是得了這些財富後不懂得善加使用，導致妻離子散、窮困潦倒，過的比原先的生活還慘的例子，這是浮出檯面有經過報導的，但更多的是隱沒於人群中的悲慘事件。

## 既然天生有中樂透的命，
## 會不會沒有把握就消失了

想像一潭滿滿的水，先不計算會蒸發的因素，這一潭水如果沒有開口就是滿滿的水，如果挖一溝渠便會順勢流出，再開另一溝渠則會有二處流出，這滿滿的水就像自己的財富，如果都沒挖出溝渠也不會消失，還存在著。因此不須擔心這期樂透沒有去買會不會被別人中了。即使沒有買樂透，如果有累積這潭水（資糧）還是會藉由其他方式一點一滴流出去，例如獲得加薪、尾牙中頭獎，或者自己

業務量暴增等方式嘉惠自己。

## 求偏財不如求正財

　　正財是指有努力付出，然後依此努力獲得的收穫。
而偏財是指沒有經過「一分耕耘、一分收獲」的模式獲得
財富，有時這種財富或多，也或寡，有時多得不成比例，
有時少得可憐，中樂透便是標準的偏財，要轉動偏財的運
並非一蹴可幾，沒有累積的功德力幾乎不可行，這時有人
便尋求「偏門」，民間各種做法、符咒、甚至養小鬼大多
是條件交換式的方法，看起來短期可以獲得想要的財富，
但長期恐付出的更多，可能連健康、家庭都賠進去了而不
知，更慘的情況即是招惹了牛鬼蛇神，下場可想而知，不
可不慎！

### 人生的得與失

　　樂透對我來說如浮雲，一般人會說最近偏財
運比較旺盛，所以就趕緊買樂透，但若貫穿整個
宿世歷程，樂透幾乎沒有浪漫投機可言。

　　在投機理財上，過去我的確曾在股市一段時
間，但比起理財高手，我幾乎是幼兒園階段，因
為無暇研究股市，不懂得看財報分析，只憑感覺

我可以中樂透頭獎嗎？　Chapter 7

和大致的分析層面而已，過去的投資幾乎很少賠本，記憶中很年輕時只有一次未考慮周詳而購買某20年儲蓄險，不到一年即解約，6萬餘元的保費一毛錢都無法拿回來，當時6萬元對我來說是一筆不小的數目，算是跌了一跤後清醒了過來，後來接觸佛法後才知過去走了許了許多冤枉路，對於6萬餘元的損失也完全釋懷，現在很自在理財，特別的是目前投資的股票、基金與房產，除了印象中購入某檔股票2支進場到出場虧了共3百多元，也就是一支虧100多元，如此的損失，而後共計操作了30餘支，每一支股票皆獲利出場。

　　並非浮誇炫耀，比起做大事業賺大錢的人，我是小巫見大巫，不足為外人道，只是願意將佛法運用到理財的小小心得公諸於世，讓讀者參考

# 7-3

# 修持和修財勇猛精進的並行

　　大部分的人一談到如何賺錢便睜大眼睛，興致勃勃了起來，然而，談到修持仍然裹足不前，深怕賺錢和修持互相牴觸，認為修持便影響了賺錢，賺錢和修持只能擇一，這是錯誤的觀念。事實上，賺錢和修持可以同時並存，可以同時勇猛精進的進行。

　　每一種事業都需要良好的計畫，賺錢和修持也是，例如企業主接到一張訂單，交貨後可以賺100萬，於是開始計畫製造流程、預定出貨時間、各項成本分析等，在合理的範圍內提高效率，將利潤空間增大等，這些必定是業務考量的一部分，有了修持後，這些步驟不是就丟棄了，反而更要積極進行，並且藉由藥師佛、大黑天神、四面佛的正確修持力量從旁輔助，讓工作一切順利。

　　有一位電視製作人，深信大黑天神的力量，不斷精進修持，即使很忙很忙時每天也沒有忘記要修持，工作上也是轉呀轉的，忙碌中自有一份節奏，結果當別的製作人虧損連連時，他手上的節目無一賠錢，每一檔皆大受歡迎。

　　過去我也進出股市，但並不是只單求藥師佛或大黑天神保佑我買的股票賺錢，而不做功課，我還是不斷研究

我可以中樂透頭獎嗎？　Chapter 7

各檔股票，確認安全穩當後才進場，因此並非隨便買了股票，然後開始修持，認為這樣神佛就會保佑讓股票賺錢，基金也是，要先深入研究各基金操作的實績，也需要瞭解全球的脈動，如此才可買進，接下來努力修持，我統計自己依靠這樣的方式股票和基金幾乎全都賺錢。後來工作忙碌，無暇研究這些資訊而作罷。

目前我也投資外幣儲蓄險，這是比較不需要時時研究、時時操作的區塊，但剛開始時也需要先做功課，比較哪一種利率最高，確認了之後再評估自己的資本有多少，預計放到幾歲後可以存多少錢後解約，這些全都是可以預估出來的，因此一筆金額投入後便開始修持，祈求這項投資順利，獲利後了結。

## 炫耀什麼就容易失去什麼

炫耀自己的財富與功德：所謂財不露白，在佛教的道理上有其道理，當有了驕傲心，就會有瞋慢心，無形中將產生許多有形無形的來阻礙你，炫耀漂亮，以後容易被漂亮破壞，炫耀自己成績好，小心以後考不上，炫耀自己小孩很厲害，也容易讓小孩產生許多怨親債主，炫耀自己事業有多成功，以後更容易慘遭失敗，真正的大企業家都是虛懷若谷，絕不會告訴別人自己多偉大，只有半桶水沾沾

自喜，以前任職某企業單位，同行有位女業務經理，逢人便說自己非常優秀，帶給公司多少業績，讓公司賺了不少錢，也表示自己多有能力，足以堪任總經理這職務也不為過，這位女主管不斷炫耀，卻也為了搶生意不斷樹敵，就在許多人等著看好戲的預期下台了。

有一個很好的比喻，如果自己擁有了許多珠寶，你到處秀給別人這些珠寶，魔就特別想要破壞這些珠寶。也不要說還在計畫之事，明明還在計畫，甚至八字還沒有一撇，偏偏有許多人喜歡將他誇大，覺得事情都已經成功了。其實因果說變就變，常常聽到許多例子都是明明一筆大生意還在進行中，但當事人難掩喜悅，逢人就說快成了，準備會賺多少錢多少錢等等，最後，空歡喜一場，對方撤回訂單，這就是過於自信，打破了因果，記住，還沒完成的，說破了就是個忌諱。

當然，止惡揚善無可厚非，如果事情真的成功了或者解決了，可以適當說一些，但最好隱姓埋名，不須強出頭。楞嚴經云：「狂性頓歇，歇即菩提！」跟「放下屠刀，立地成佛！」有異曲同工之妙。對於狂妄自大的人，如果他的心歇止了，便能即刻成菩提，而菩提就是覺悟了，這樣就離成佛不遠了，亦即不需炫耀才能得到真幸福。

我可以中樂透頭獎嗎？

此外，不要炫耀自己的財富與功德外，對於他人的惡處也不需說出來，一般人常有嫉惡如仇的本領，認為自己替天行道，因此將即使是同事朋友間很小的惡處都說出來，甚至跟上司打小報告，這都會落入冤冤相報的深淵中，最好的方式當看見他人正在行小人的行徑時，心中只要提醒自己避免和此人同樣行徑即可。

# Chapter 8

# 怎樣實現
# 真正的財富自由

這時代盛行集體主義，活出個人特色竟成了唯一
真正的奢侈。——美國電影導演、編劇、演員
奧森威爾斯（Orson Welles）

# 「財富自由」的真義

　　根據一般的定義，財富自由最標準算法是「理財年收入大於年支出」，也就是說，沒有透過工作而能讓錢滾錢，這樣的收入超過生活所需要的支出，因此可歸納以下的定律：

　　財富自由=被動收入>生活必須開銷

　　被動收入最簡單明瞭的說法便是「不用做事就有收入」，也就是在吃飯、睡覺的當下都有收入，一般人的被動收入來源主要是存款利息、股息、債息或房租收入，公司或機關在員工退休後支付的退休金也是一種被動收入，現在更有許多投資組合都可領取固定利息，也近似一種被動收入，例如儲蓄險、外幣險的配息機制等。

　　除非是含金湯匙出生，否則大部分的人幾乎都是由職場退休後才有機會規劃財富自由的境界。由於前面這個公式使得許多人憂心忡忡，加上許多理財專刊不斷提醒一定要備足好幾千萬的存款才能安心退休，如果沒有足夠存量肯定窮苦落魄、鬱鬱終老。由於「生活必須開銷」被盡情誇大，追求「被動收入」的責任也就跟著無止盡放大，隨

之煩惱也跟著越來越大，陷入無限的惡性循環。

## 降低生活必須開銷並不會影響生活品味

　　和解決財務問題的利基一樣，「開源」與「節流」總是不二法門，而降低生活必須開銷和節流有異曲同工之效，我個人認為在退休之際，無論被動收入多優渥，每個人還是需以降低生活必須開銷為圭臬。

　　現在開始學習粗茶淡飯，本來一件衣服沒有2000元以上不穿，現在開始試著穿300元以內的衣服，如達賴喇嘛所言：「當我們認清自己真正需要的其實很少，不過是愛和連結而已……」也就是說愛延伸出去的各項關聯產物。

　　亞歷山大‧笙堡（Alexandervon Schonburg）在《窮得有品味》一書中指出，要富有只有兩種可能性，其一是拼命工作，等賺夠了錢就可以實現自己的願望。也就是說，你先得把自己累得像條牛，過程間只能在休息時，偷偷幻想一下自己原本負擔不起的奢侈品。等到存夠了錢，買下自己想要的東西，再「終於」發現，原來得到它並不會讓你比較快樂。其二，改變你的願望。

　　他更提到，人真的能夠在沒有錢，或者在錢不多的情況下依然富有，關鍵就在於「生活品味」，如果自己的願望不再是財富，自己的心中將會更自由。反之，若心裡頭

仍然想著掙錢再掙錢，只會將自己越綁越死而已。

如有上述堅定的想法，那麼便向財富自由又靠近一大步了。可說是半財務自由的狀態了。

## 物質和心靈財富自由相輔相成

在工作領域上，我遇見了一位長輩，這位長輩是位有名的企業家，有次向我透露他每月所有開銷只花不到10,000元，我簡直無法置信，通常這樣的人物可能吃個二頓就到達這額度了，坐在我面前的這位長輩怎麼可能比我還省呢？仔細一想，我還真的沒看過他換超過2套衣服，每次見面總是一樣的穿著，一樣的笑容，一樣的心情，並且幾乎書不離手，大多是宗教類或哲理類書籍。我問他，你可否想過自己若是哪一天一無所有了會是怎樣的心情，他笑笑回答：「我其實早就在過一無所有的生活！」

因此，我從沒有看過具有以下特質的人會被經濟狀況打敗，這位長者便是這樣的人物：

1.長期持續修持的人。

2.默默做事的人。

3.不說人長短的人。

4.不計較的人。

5.心性穩定的人。

6.散發自信光芒的人。

7.常幫助他人廣結善緣的人。

8.有慈悲心，同理心的人。

只要具備了以上特質，走到哪裡都不用擔心下一餐在哪裡，這不就是財富自由無誤了嗎！舉自身例子，上一個工作到下一個工作中間我在家足足待了約5個月，但那時已經47歲的我一點都不擔心下一個工作在哪裡，這源自於一個觀念：

試著把「財富」降一格，讓其重要性變小變淡，再者，生活開銷也降一格，沒錯，這就符合桶子理論：一個桶子，當水逐漸減少時，維持水量不變有兩個方式，一是繼續加水，另一個將重新檢修桶子，將會漏的地方一一補起來。

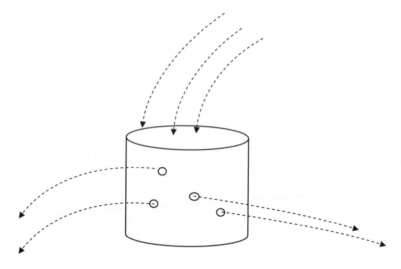

水流進桶子，水自然由各縫隙或洞口流出。

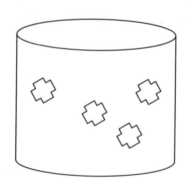

將不必要的洞補起來，讓水不再流出。

# 真正的快樂和財富有啥關聯？

相信一般人會不假思索認為獲得了財富就會帶來快樂，但結果真是如此嗎？

## 快樂是重過程而非重結果

沃夫朗・舒茲（Wolfram Schultz）教授曾經針對一群猴子做過一個實驗，這些猴子全關在籠子裡，並留一個小開口，這開口用來送食物用，開口上方設置了一盞燈讓猴子都看得到，在實驗人員要餵猴子吃蘋果前，這盞燈就會亮起來。過了不久，這些猴子便了解燈亮就表示有蘋果可以吃，這樣的作用下，猴子只要看到燈亮大腦便分泌一種多巴胺的興奮劑，舒茲教授也發現這種大腦興奮分泌物只有在期待願望將被實現的過程才會不斷分泌出來。但猴子真的拿到蘋果時分泌量就不會再增加了。這就表示獎勵物本身並不會喚起快樂或興奮，甚至沒辦法讓大腦產生反應，真正吸引人或感到快樂的是整個期待的過程，進一步說，願望被滿足了反而無法喚起興奮感。

相信我們也有相似的經驗，例如準備進行一趟旅遊，從事先規劃路線、安排行程、訂購機票、車票、飯店、餐

廳，每一個步驟總是一步步堆起愉悅的因子，隨著旅遊的日期逐步逼近，整個人輕飄飄幾乎手舞足蹈起來，連晚上睡覺都會不經意露出絕美笑容，任何人見了一定都會感受到這人滿心期待的好心情。等到旅遊日當天早上，咦！奇怪，好像興奮感驟降了許多，又過了幾小時，已經不復上午那樣還會心蹦蹦跳，甚至有些疲累感，之後每況愈下，直到最後一天，許多人的經驗是迫不及待想快返家休息。因此若仔細回想整個過程，旅遊最可愛之處倒不一定旅遊當下，而是在出發前充滿期待的過程。

## 懂得付出才會獲得真正的快樂

最近我老哥整修了家裡的老房子，這是父母過世後留下來的老舊房子，兄弟姊妹各自成家立業後分散各地鮮少相聚，主因也是老房子沒有整修無法居住，為此老哥花了一筆錢立志將房子修好。

重新整修好的房子雖不到煥然一新的地步，倒也讓大家重溫小時候溫馨的回憶，老哥說：「其實自己最喜悅的並非房子整修後的表面價值，而是父母過世後能看到大家能夠重回到這老家聚在一起，這才是最大的幸福！」老哥的付出令我們感動，但他說最大的收穫其實是他自己，臉上掛滿了笑容是付出後得到的成果。

## 8-3

# 財富自由的昇華版
## ——退而不休更幸福

真正的財富自由並非以享受為前提，而是以服務為前提，有了服務將會更美滿，在捐血中心遇見一位高齡的老先生擔任志工，叫著號碼——為來捐血的來賓提供諮詢，安排量血壓、身高體重，看著他充滿朝氣的臉龐比在場每位來賓和護理人員都還有勁。

### 有持續工作是真幸福

據統計，有工作的人活的比較快樂，在這裡的工作不一定與薪酬畫上等號，也就是說，如果擔任志工，看似沒有酬勞，其實領的是隱形的酬勞，這份酬勞其實更加珍貴，讓人更富有。

啥麼？這章節強調財富自由，但只做沒有薪酬的工作，一直沒有工作不就離此目標越來越遠了。放心，絕不會，一個願意付出自己的人永遠都會有不同的機會靠近，即使沒有收入能讓生活過的輕鬆自在。

那麼，如果在退休年齡過後仍需要一份有薪酬的工作，不要想著要再賺多少才足夠，而是找一份可以兼顧生

活與精神層面的工作，最好是每天還可以欣賞日出日落，這世界太精彩，如果過去為了打拼而錯過了，不需要在這時候再度錯過了，放慢腳步，即使每天只工作二小時也可以，簡樸的生活不需要花太多錢也可以很輕易達成。

## 讓自己成為社會正面轉動因子

退休前和退休後最大的分野是，退休前許多時間是屬於別人的，退休後許多時間則屬於自己的，既然自己有權分配時間，何不大膽讓生活注入不一樣的元素，有一位任職於公家機關的前輩，退休前即利用閒暇時間修持六字大明咒，平均一天大約唸10,000遍，退休後則至公園掃地兼剪樹葉，也至廟宇拖地兼擦桌子。做這些工作時手在動、嘴巴更是不停歇，原來這位朋友工作順便修行，修行不忘工作，現在的他平均每天可唸50,000遍，長期下來這位朋友已散發不凡的「仙氣」，許多朋友有疑難雜症總喜歡找他，在他身上總能找到理想的解答。

巴菲特曾說：「錢可以讓人獨立，然後，我就可以用我的一生去做我想做的事。」如果退休後做自己喜歡又可以幫助他人的事這就更加完美了，因為財務自由真正的意義是：

「能有更多餘力去幫助他人！」

協助更多人脫離一生只追著錢跑的日子，同時運用大智慧不斷修持，將逐漸感應到許多天地間萬物的哲理，用這樣的胸襟與態度生活基本上已經不枉此生了。

國家圖書館出版品預行編目資料

用佛法智慧開啟另類財富密碼／子文著. --初
版.--臺中市：白象文化，2019.2
　　面；　公分
ISBN 978-986-358-761-3（平裝）
1.佛教修持 2.理財
225.87　　　　　　　　　　　107020476

# 用佛法智慧開啟另類財富密碼

作　　者　子文
校　　對　子文
專案主編　陳逸儒
出版編印　吳適意、林榮威、林孟侃、陳逸儒、黃麗穎
設計創意　張禮南、何佳誼
經銷推廣　李莉吟、莊博亞、劉育姍、李如玉
經紀企劃　張輝潭、洪怡欣、徐錦淳、黃姿虹
營運管理　林金郎、曾千熏
發 行 人　張輝潭
出版發行　白象文化事業有限公司
　　　　　412台中市大里區科技路1號8樓之2（台中軟體園區）
　　　　　出版專線：（04）2496-5995　　傳真：（04）2496-9901
　　　　　401台中市東區和平街228巷44號（經銷部）
　　　　　購書專線：（04）2220-8589　　傳真：（04）2220-8505
印　　刷　基盛印刷工場
初版一刷　2019年2月
定　　價　300元